1, 2, 3 Respire !

Dans la même série :
Des racines et vous, Caroline Derumigny
Les chemins de l'intuition, Marie-Rose Poujardieu

Collection New Life dirigée par Valérie de Sahb

Ouvrage dirigé par Florence Pierron-Boursot
Conception graphique : Laetitia Kalafat
Illustrations : © Shutterstock.com

34-36, rue La Pérouse, 75116 Paris
www.hugopublishing.fr

ISBN : 9782755696042
Dépôt légal : juin 2022
Imprimé en République tchèque par FINIDR

Reconnexion à soi

NADIA KARMEL

1, 2, 3 Respire !

Accompagnez les émotions de vos enfants pour harmoniser votre vie

Hugo New Life

Sommaire

Introduction

La sophrologie place la respiration au cœur de sa méthode. Respirer en conscience va permettre à l'enfant en construction de s'interroger sur ce qui se passe dans son corps, dans sa tête, ici et maintenant. Tandis que pour les parents souvent submergés par leurs propres émotions ou perdus au milieu des manifestations vives de leurs enfants, revenir à l'instant présent leur permettra d'accompagner positivement cet éveil émotionnel.

Dès sa naissance, l'enfant doit respirer pour vivre.

Et c'est donc dès sa naissance qu'il va connaître ses premières émotions positives et négatives.

En sophrologie, on explique que chaque sensation se reflète sur un étage respiratoire comme un effet miroir de l'état émotionnel de chacun. Plus l'état émotionnel est source de stress, plus la respiration sera saccadée et haute ; plus l'émotion est positive, plus la respiration sera ventrale comme celle que notre enfant connaissait lorsqu'il dormait paisiblement juste après la naissance. Il est donc indéniable que les émotions sont au cœur de notre quotidien et qu'elles partageront toute notre existence. Si le bébé est, quant à lui, soumis à de nombreuses sensations qu'il n'est pour le moment pas en mesure de décoder, le jeune enfant, lui, voudra et aura en revanche besoin d'apprendre aux côtés de ses parents à les apprivoiser pour cohabiter harmonieusement avec elles et avec son entourage.

Nous sommes nous-mêmes trop souvent submergés par nos propres émotions ou perdus au milieu des manifestations parfois vives de nos tout-petits que nous oublions que c'est la façon dont nous allons pouvoir l'accompagner au quotidien qui déterminera la manière dont ces émotions s'imprimeront dans son cerveau en construction.

La sophrologie, outil positif de gestion émotionnelle, vous permettra d'accompagner votre enfant avec bienveillance, sur ce chemin de connaissance de soi, afin de le préparer à devenir, à vos côtés, un adulte serein.

Qui suis-je ?

Sophrologue certifiée, spécialiste de la femme et de l'enfant, j'accompagne depuis des années des parents dans leurs questionnements et difficultés. J'ai très tôt dans ma vie été animée par deux choses, devenir mère et travailler auprès d'enfants. Du plus lointain souvenir que j'ai de cette question scolaire : « Que veux-tu faire plus tard ? », j'ai pour réponse : « Maman ». Si certains s'obstinent à dire que ce n'est pas un métier et qu'effectivement il n'y a aucune reconnaissance professionnelle à être parent, je peux néanmoins aujourd'hui affirmer, sans nul doute, qu'il m'a fallu de nombreuses années pour comprendre la méthodologie et la complexité du travail à accomplir si l'on veut comprendre et accompagner au mieux ces petits êtres en devenir. N'oublions pas qu'avant d'être mère, j'ai d'abord été sophrologue, je me suis spécialisée en maternité et enfance et j'ai eu le bonheur, un an tout juste après ma certification, de devenir maman. Je pensais d'ailleurs que les choses seraient aussi simples que sur les polycopiés que j'avais appris, que j'étais suffisamment outillée pour ne pas me perdre dans ce tourbillon qu'est la maternité. Puis j'ai découvert qu'il y avait la théorie et la pratique, et j'ai très vite rangé mes leçons pour passer à l'expérimentation. Quand on s'essaie pour la première fois à une activité, c'est rarement un succès immédiat.

Chacun de mes enfants m'a donc permis d'observer, d'émettre des hypothèses, d'expérimenter des approches et d'obtenir parfois des résultats probants, mais il m'a fallu aussi accepter les réajustements et les erreurs.

Si je vous partage mes échecs, c'est parce que je sais que vous en avez rencontré et que vous continuerez d'en rencontrer car personne n'est exempt d'erreur, ni vous, ni votre entourage, ni les spécialistes, ni vos enfants, et c'est en acceptant cette part de vulnérabilité que vous serez en mesure de potentialiser les

facultés émotionnelles de vos enfants, mais aussi les vôtres.
S'accepter avec ses imperfections, c'est accepter que nos émotions soient parfois imparfaites et s'ajuster chaque fois à elles, et uniquement à elles, car elles sont uniques et sont le reflet de ce que nous vivons à un instant, et cet instant ne ressemblera jamais à celui d'avant ou celui d'après.
C'est donc accepter que nos émotions s'expriment parfois mal, parfois comme nous le voulons, parfois trop fort, parfois pas assez…

S'il y a bien évidemment des expressions positives de l'émotion, il n'y a en revanche pas de mauvaises émotions, elles ont toutes un but et doivent toutes être entendues, accueillies et écoutées.
À l'heure où l'on soulage l'adulte et l'enfant trop facilement à coups de médicaments pour pallier le manque d'écoute, j'ai à cœur, par le biais de la sophrologie et de mon expérience de mère, de vous offrir une méthode basée sur l'affection, l'intention et l'attention afin d'être au plus près d'eux.

Sachez que les temps de qualité, la respiration, les câlins, les regards encourageants, les mots bienveillants ou encore l'ocytocine que la sophrologie permet de sécréter au travers de ses exercices (cette incroyable hormone aux nombreux bienfaits : relâchement musculaire, bien-être, stimulation de la confiance, coopération entre les êtres humains, attachement, empathie, réduction de l'anxiété) sont autant de moyens pour vos enfants et vous-même de vous harmoniser.

Comment lire ce livre ?

J'avais à cœur que ce livre s'adresse à toutes les familles, mais également à tous les enfants sans distinction. Qu'ils soient trop souvent étiquetés de timides, qu'ils manquent de confiance en eux, qu'ils se mettent en colère trop facilement ou qu'ils manquent d'optimisme. Tous ces enfants qui, en réalité, sont simplement en train de se construire et que, parfois, une simple main rassurante d'un parent aimant et attentif peut guider vers la sérénité et l'acceptation de qui ils sont.
Ce livre accessible et utilisable au quotidien est un outil de partage.
Alors, il m'a semblé naturel de vous donner ma manière la plus simple de l'aborder.
Je l'ai écrit pour vous, de mes expériences professionnelles et personnelles, de ce que j'ai pu observer qui a fonctionné chez mes consultants et dans ma famille.
Ce que je vous propose après que vous en aurez dégagé une impression générale en le feuilletant, en ayant croisé quelques mots, notes ou exercices, c'est de commencer par le premier chapitre, résistez à l'envie de le

sauter pour vous rendre à la bonne section de l'émotion que votre enfant vit ici et maintenant.
Donnez-vous le droit de comprendre ce qu'est une émotion avant d'essayer de trouver la solution immédiate pour la faire taire, et ce que la sophrologie peut vous apporter. Puis, une fois cette première étape accomplie, laissez-vous porter naturellement vers les émotions qui vous parlent le plus pour vous-même d'abord, puis pour votre enfant,

et expérimentez les exercices ensemble. Changez de point de vue, l'émotion n'est pas un problème mais le début d'une solution, toutes ces pages n'ont qu'un but, rendre votre vision positive de ce que vous vivez, revenir à l'instant présent et à ce qui se passe en chacun de nous pour mieux l'accueillir.

Une émotion ébranle, déséquilibre, pas seulement l'enfant, mais aussi l'adulte. Il s'agit donc d'une lecture à deux, vous êtes une famille et, pour que chacun fonctionne en harmonie, il faut se reconnaître chacun individuellement avec ses propres ressentis.

Comment pourriez-vous guider votre enfant sans jamais lui montrer le chemin ?

Pour lui montrer le chemin, il faut au moins l'avoir soi-même traversé.

Croyez-moi, apprendre à gérer ses émotions n'est pas plus facile à 30 ans qu'à 3 ans.

Alors, avant de décortiquer votre enfant, apprenez à reconnaître vos propres émotions et montrez-lui que c'est possible de se sentir en quelques secondes bien mieux, même quand tout va trop vite.

Soyez là avec vos émotions, près de lui, sans les nier, et c'est ainsi que vous ne serez plus contre elles mais avec elles et que vous pourrez apprivoiser au mieux aussi bien les vôtres que celles de votre enfant. Nous sommes naturellement en résonance les uns avec les autres, et d'autant plus quand l'autre nous est affectivement lié. Remarquez ce que le volcan intérieur de votre enfant peut réveiller chez vous. Ensemble, au fil des pages, respirez lentement, prenez le temps de vous questionner, parfois de manière soudaine, parfois parce que l'émotion se présente, ritualisez ces temps d'échange pour ne plus vous laisser submerger par ce que vous ressentez, et être enfin dans le ici et maintenant.

« Si je m'écoutais vraiment,
je m'entendrais. »

Jacques Salomé

CHAPITRE 1

La sophrologie au service des émotions

« L'objectif des techniques sophrologiques est de renforcer chez l'être humain la capacité à vivre en harmonie avec lui-même et avec l'univers. »

Alfonso Caycedo

QU'EST-CE QUE LA SOPHROLOGIE ?

La sophrologie dite ludique, ou sophrologie adaptée aux enfants, trouve son origine dans l'étymologie grecque. *Sos* : « équilibre, harmonie » ; *phren* : « esprit, conscience » ; *logos* : « science, étude » ; *ludus* : « jeu, amusement ». La sophrologie dite « ludique » a pour but d'éveiller la conscience de l'enfant par le jeu afin de lui apporter équilibre et harmonie.

La sophrologie a d'abord été une méthode psychocorporelle conçue pour l'adulte. Créée par le neuropsychiatre espagnol Alfonso Caycedo, c'est une méthode verbale qui va agir sur le corps et le mental. Elle utilise des exercices de respiration, de décontraction musculaire et de visualisation. Très rapidement, un besoin d'accompagner les enfants s'est développé ; Claudia Sanchez et Ricardo Lopez, sophrologues sociaux, ont donc créé la sophrologie ludique. Cette méthode, passant davantage par le jeu, permet aux enfants de découvrir leur corps et leurs émotions afin de se libérer de la plupart de leurs problématiques, de retrouver confiance en eux et de s'harmoniser. Cette méthode nous invite dans notre vie quotidienne à cette conscience de ce qui se passe à l'intérieur de nous. En développant cette faculté d'observation, cela nous aide à nous détacher de nos émotions, de notre stress ou encore de notre anxiété afin de mieux les comprendre et les accueillir.

Voici une liste de mots à retenir qui vous permettront, en les lisant, de vous apaiser tous les deux.

Pour quoi faire de la sophrologie ?

Être plus calme : nous recentrer sur nous-mêmes et nous ramener à notre état naturel de paix intérieure.
Être heureux : focaliser notre intention sur des états d'esprit positifs contribue à développer notre sérénité.
Se concentrer : apprendre à développer notre attention sur un sujet le plus longtemps possible fait grandir notre concentration.
Mieux se connaître : approfondir l'analyse de notre propre esprit nous aide à prendre confiance en nous et ainsi à améliorer notre rapport avec les autres et nous-même.

Confiance
Expirer
Relâcher
ICI & MAINTENANT
INSTANT PRÉSENT
Paix
CALMER
Alignement
Souffler

Bien-être
INSPIRER
Écouter
HARMONIE
RESSENTIR
ÉNERGIE
Légèreté

L'IMPORTANCE DE LA RESPIRATION CHEZ L'ENFANT

La sophrologie place au cœur de sa méthode l'importance de la respiration. En effet, respirer en conscience permet au corps de baisser son niveau de vigilance pour se centrer sur soi.
L'enfant étant très facilement absorbé par l'environnement qui l'entoure, il vit intensément chaque moment. La respiration va lui permettre de se focaliser sur quelque chose d'essentiel, lui. Ce qui se passe en lui et ce dont il a besoin, ici et maintenant. La respiration va pouvoir tantôt lui apporter du calme, tantôt lui redonner de la vitalité, diminuer son stress, augmenter sa concentration et, tout simplement, lui apprendre à mieux gérer ses émotions !
Faire de la sophrologie en famille, avec votre enfant, c'est l'occasion de passer du temps de qualité. Pratiquer cette méthode ne prend que peu de temps, c'est donc un outil totalement adapté au rythme effréné de notre société moderne. Elle permet de créer du lien entre vous.

ZOOM

LES TROIS TYPES DE RESPIRATION

Il existe trois façons de respirer.
En sophrologie, nous utiliserons celle qui sera la plus calmante et qui se rapproche de la respiration du nouveau-né ou du chat quand il dort paisiblement.

La respiration claviculaire
La cage thoracique se gonfle et l'on perçoit une élévation des épaules. C'est une respiration dite « haute », c'est souvent celle que nous utilisons quand il nous est demandé de respirer « à fond » chez le médecin. Mais c'est aussi celle qui nous bloque la voix quand on veut prendre la parole ou encore celle que l'on a lorsque l'on est stressé.

La respiration thoracique
La cage thoracique s'ouvre convenablement par l'élargissement des côtes et le gonflement de la poitrine. C'est la respiration que nous avons la plupart du temps au repos sans stress.

La respiration abdominale
C'est la bonne, du moins celle que l'on va chercher à travailler quand on veut s'apaiser !

Il se sentira alors plus en confiance, écouté et reconnu dans ce qu'il vit. Vous devenez ainsi acteur de son bien-être tout en stimulant sa créativité et son autonomie, puisqu'il est libre de vivre et de ressentir ce qu'il veut à vos côtés.

Petit à petit, il aura une meilleure perception de son schéma corporel et de ses ressentis afin de mieux les appréhender, et pour vous de mieux les comprendre.

On essaie ensemble… la respiration abdominale

Installez-vous confortablement avec votre enfant, debout ou assis.

Étirez-vous bien la colonne vertébrale.

Roulez les épaules vers l'arrière et ouvrez votre cœur. (*La sophrologie, c'est aussi une question d'attention et d'intention.*)

Placez vos mains sur votre bas-ventre.

Et inspirez généreusement par le nez en gonflant d'abord votre ventre, puis vos poumons et enfin vos épaules.

Faites cela lentement, prenez votre temps, ressentez les différents étages respiratoires se gonfler.

Expirez lentement par la bouche en vidant d'abord vos épaules, vos poumons puis le ventre.

Répétez ce cycle 3 fois ensemble, en comptant dans votre tête 5 secondes à l'inspiration, 5 secondes à l'expiration.

Vous pouvez également faire cet exercice allongé en plaçant un objet stimulant pour votre enfant afin qu'il reste concentré sur son ventre, comme une petite voiture ou une peluche par exemple.

Notez les ressentis de votre enfant

Comment te sentais-tu avant de respirer ainsi ?

Comment te sens-tu maintenant ?

As-tu ressenti des douleurs, de la chaleur ou de la fraîcheur dans ton corps ?

Je note mes ressentis

Si vous accompagnez votre enfant à développer, à vos côtés, un intérêt pour la respiration abdominale dans un contexte ludique, il pourra par la suite utiliser la respiration pour prévenir ou calmer un état de surexcitation ou des émotions envahissantes.

J'insiste sur l'utilité de l'expiration en sophrologie.
Ce qui entre dans le corps doit être positif, ce qui sort doit permettre d'éliminer. Cela est valable d'un point de vue physiologique, puisque l'expiration assure l'élimination des toxines et libère les tensions. Mais également d'un point de vue psychique, puisque l'on place l'intention d'émettre un relâchement, donc un lâcher-prise. Le lâcher-prise dans la notion de libération émotionnelle chez l'enfant est important, tout comme chez l'adulte. C'est l'expiration qui va aussi permettre au diaphragme de se détendre, car il y a naturellement un relâchement au moment où l'air est expulsé du corps. On retrouve très souvent chez les enfants stressés un diaphragme tendu ou des problèmes de constipation. Pratiquer quotidiennement ce type de respiration, à raison de quelques répétitions, permet de pallier cette problématique.
L'élasticité de la cage thoracique dépend du mouvement des côtes, des vertèbres et du diaphragme. Plusieurs facteurs dans notre société, dont le stress, entraînent des blocages respiratoires qui se font généralement de façon inconsciente ; plus on grandit, plus on s'éloigne de la respiration abdominale pour passer à une respiration thoracique. Cela donne des effets néfastes sur la santé physique et mentale.

Astuce pour bien observer vos ressentis

Observez votre propre respiration et celle de votre enfant à différents moments de la journée : comment se place-t-elle ? Vous pouvez aussi poser de temps en temps vos mains sur votre ventre pour remarquer si celui-ci se mobilise bien, et inviter votre enfant également à le faire pour le corriger.

Activités pour favoriser les respirations abdominales

Il faut préciser que nous avons tous un avantage à adopter la respiration abdominale à tous les moments de la journée et qu'il n'y a pas de moments propices à l'apprentissage. Cependant, l'enfant apprend par le jeu, alors voici une liste de jeux pouvant faciliter la respiration profonde.

LA TOUR CHÉTIVE

Utilisez des cubes ou des bâtons de bois pour faire une très haute tour. Puis invitez-le à faire des respirations profondes pour faire tomber la tour.

LES REPAS

Les repas sont enfin de bonnes occasions de faire travailler le souffle. Montrez à votre enfant comment souffler sur les aliments pour qu'ils refroidissent ! Avec de la soupe, c'est encore plus rigolo de faire des vagues dans la cuillère !

LA BUÉE

Placez l'enfant devant un miroir ou une fenêtre, la tête toute proche, et faites-lui constater la buée qui se forme. Faites devant lui de grandes inspirations qui font de grandes taches de buée, d'abord bouche fermée, puis bouche ouverte, et attendez qu'il vous imite.

LES BULLES

Pour faire des bulles, il faut que votre enfant sache souffler un petit peu.
En revanche, la motivation est garantie !
Une façon ludique de faire des bulles est de souffler dans un verre d'eau avec une paille.

LES COURSES DES OBJETS GRACIEUX

Invitez votre enfant à souffler sur de petits objets tels que des plumes, des pompons, des balles, etc. Collez un ruban au sol pour imager une ligne d'arrivée ou réutilisez des boîtes pour en faire des buts, par exemple.

LES BOUGIES

Vous pouvez également encourager l'enfant à utiliser ses doigts comme des bougies (ex : j'ai 4 ans, donc 4 bougies imagées par ses doigts) et à les abaisser après chaque expiration.

J'APPRIVOISE L'ATTENTION DE MON ENFANT POUR L'INITIER À LA SOPHROLOGIE

Vous pouvez pratiquer la sophrologie dès le plus jeune âge avec votre enfant. Toutefois, à partir de 3 ans, ils sont en général volontaires et ont un temps de concentration raisonnable. Pensez toujours à lui demander son consentement, il doit en avoir envie. Mais il n'y a ni moment pour pratiquer ni endroit propice, si ce n'est un lieu où vous serez suffisamment au calme pour échanger.
La clé pour apprivoiser les émotions de votre enfant est la régularité, plus il pratiquera ces techniques à vos côtés, plus il en ressentira les bienfaits, et vous aussi.
Parce que vous lui montrez le chemin, il ressentira de lui-même l'envie de reproduire ces exercices.

Il n'y a pas de meilleure manière d'engager l'approche de la sophrologie que de commencer, le niveau d'explication va dépendre du tempérament de votre enfant. Certains enfants ont besoin d'une explication détaillée de ce qu'ils vont vivre, d'autres au contraire ont besoin de vivre l'expérience pour comprendre.

Dans les deux cas, entrez dans son monde d'enfant, expliquez-lui simplement qu'on va prendre un petit temps ensemble agréable pour comprendre ce qui se passe en nous. Et si vous voulez attiser sa curiosité, vous pouvez matérialiser nos émotions, notre agitation ou nos pensées qui tournent vite par une boule de neige ou une toupie. L'idée, c'est de constater ensemble quand la toupie s'arrête, pour voir ce qui se passe en nous quand tout est calme.

ZOOM

LES 5 CONSEILS POUR QUE LE MOMENT SE PASSE BIEN

1. Adapter le vocabulaire à l'âge de votre enfant afin de lui permettre de comprendre l'exercice.
2. Illustrer les propos par des images ou des objets.
3. Adapter le temps des exercices aux capacités de concentration de votre enfant afin de maintenir son attention.
4. Répéter régulièrement les consignes et les exercices afin qu'il les intègre convenablement.
5. Varier les moyens d'expression dans les temps d'échange afin de faciliter la prise de parole de l'enfant : écriture, peintures, collage, pâte à modeler...

Les postures que l'enfant peut adopter lors de la pratique

La volonté : l'enfant participe volontiers à l'activité avec enthousiasme.

L'opposition : l'enfant refuse les propositions d'exercices qui lui sont faites et/ou n'en respecte pas les consignes.

L'agitation : l'enfant prend excessivement la parole, écoute difficilement et/ou n'arrive pas à se détendre.

L'inhibition : l'enfant est méfiant et n'exprime pas ses besoins ou ressentis.

Notez quelle est l'attitude que votre enfant adopte lorsque vous lui proposez une activité

Note aux parents : il est normal d'observer une difficulté à lâcher-prise, cependant rassurez-vous, ces comportements s'estompent généralement très vite dès que les premiers partages et bienfaits de la sophrologie se font sentir et que l'enfant est rassuré en vous voyant également pratiquer avec lui.

COMMENT S'INSTALLER POUR PRATIQUER

Asseyez-vous confortablement sur une chaise ou sur un lit, peu importe. Réajustez votre position jusqu'à ce qu'elle soit, pour vous et votre enfant, idéale. Posez vos mains sur votre ventre. Isolez-vous du monde extérieur en fermant les yeux afin de ne pas être distrait.

Proposition de discours pour engager l'enfant dans la pratique

Choisissez un lieu calme, comme sa chambre par exemple.

Lisez ces consignes à haute voix et, si c'est la première fois, prenez comme exemple une toupie ou une boule de neige pour lui montrer ce qui se passe dans son corps lorsqu'il y a

de l'agitation et quand il revient au calme.
« Je te propose de faire une expérience, comme le ferait un scientifique. Nous allons explorer ensemble, pendant quelques minutes, ce qui se passe dans notre corps. À l'intérieur de notre tête, de notre ventre, c'est peut-être un peu comme une tempête de neige ou alors peut-être que c'est tout calme comme un lac ou une rivière au lever du soleil. Toute la journée, nous avons des émotions (tristesse, joie, colère, fatigue) que nous pouvons observer et calmer, on va prendre quelques minutes ensemble pour s'apaiser... »

Tout comme la respiration est importante en sophrologie, la visualisation va éveiller l'imaginaire et donner du sens à l'intérêt de la respiration et au calme qu'elle nous apporte.

Astuces pour visualiser la respiration et aider au retour au calme de l'enfant

Proposez-lui de fermer les yeux et d'imaginer ces suggestions :
Souffler sur une bougie : c'est le jour de son anniversaire et il y a plein de bougies, il va devoir souffler doucement dessus pour éteindre une à une chaque bougie, attention à ne pas aller trop vite.

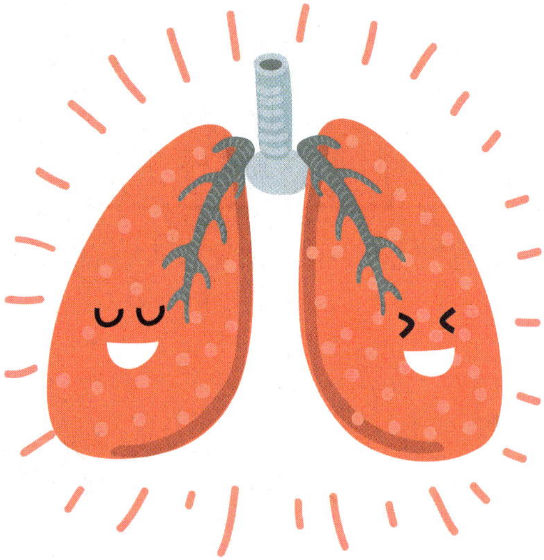

Souffler sur un mets chaud : la soupe est chaude, très chaude, il faut la refroidir sans la faire éclabousser pour ne pas se brûler.
Sentir un bouquet de fleurs : prendre le temps de sentir chaque fleur, la rose, la marguerite, la tulipe, etc.
Gonfler un ballon de baudruche : prendre le temps d'imaginer un beau jour festif ou l'on gonflerait des ballons de baudruche de toutes les couleurs.

À la fin de chacun de ces exercices, prenez le temps de revenir paisiblement à la présence de son corps en s'étirant et ouvrez les yeux calmement.

Notez vos ressentis

COMPRENDRE ET IDENTIFIER LES ÉMOTIONS CHEZ L'ENFANT

Comprendre et identifier les émotions est un préalable indispensable pour votre enfant dans son adaptation au monde qui l'entoure et à sa construction.
Le cerveau des enfants est immature. Il n'est pas en mesure de gérer l'ensemble des émotions qui affluent en lui, tant qu'il n'a pas atteint sa pleine maturité vers 20 ans. Votre enfant a par conséquent des difficultés à contrôler et à maîtriser ses réactions émotionnelles. Il a besoin d'être accompagné par l'adulte pour ne pas être envahi et débordé par ses émotions, pour canaliser son énergie et pour apprendre à exprimer ses besoins.
Ce sont les bases de l'intelligence émotionnelle indispensable à l'épanouissement et aux relations sociales de votre enfant, mais aussi les clés de son développement. Il est ainsi essentiel de lui proposer des ressources et des stratégies pour l'aider à grandir heureux avec ses émotions.

Les émotions sont des réactions spontanées qui entraînent des manifestations physiques. Elles surviennent en réponse à un stimulus interne. Elles traduisent ce que nous éprouvons face à une personne ou une situation.
C'est un processus naturel et vital qui parle du vécu de l'enfant. À ce titre, il ne se gère pas, il se comprend. Plutôt que de porter votre attention sur l'inconvénient d'être ému, soyez toujours à l'écoute de ce que vit intensément l'enfant.
Nous avons quatre émotions principales, la peur, la tristesse, la colère et la joie. Restent les sentiments tels que l'amour, la surprise, la jalousie, etc.
L'émotion est déclenchée par un événement réel ou imaginaire en provenance de l'environnement extérieur. Cet événement entraîne une réaction biologique qui se manifeste par une sensation physique et qui génère un comportement observable par une personne extérieure. L'enfant rougit, transpire, pleure, etc.
La réaction émotionnelle, qui peut être d'une assez grande intensité, demeure transitoire et ne dure généralement pas plus de quelques minutes, contrairement au sentiment qui est un état affectif qui s'inscrit dans la durée.
Si tous les enfants vivent des émotions, leur intensité varie en fonction de la personnalité, de l'humeur, du tempérament et des expériences.
Si votre enfant traverse une période compliquée à l'école, il sera sans doute plus irritable et se mettra davantage en colère que lorsqu'il est en forme. Par ailleurs, face à une même situation, deux enfants vont réagir de manière totalement différente. Pierre peut sauter de

« Éduquer un enfant, ce n'est pas remplir des vases, c'est allumer des feux. »

Montaigne

joie à l'idée de partir en vacances à la mer tandis que Lucie va se mettre à pleurer parce qu'elle ne sait pas encore nager.
Enfin, certains enfants hypersensibles traversent des émotions de façon particulièrement intense. Ils sont parfois envahis par elles et ils surréagissent face à des situations qui pourraient paraître, au premier abord, banales. C'est parce que ce sont des enfants connectés à ce qui se passe autour d'eux plus qu'à ce qui se passe en eux, ils se connectent aux réactions des autres en plus des leurs, et à leurs sensations. Ce qui crée un tumulte intérieur terrible.

On essaie ensemble...

Découpez chaque carte des animaux totem et découvrez page 43. comment les utiliser avec votre enfant.

LISTE DES ANIMAUX TOTEM

Le lion : la force intérieure, le courage
L'aigle : la concentration.
Le cerf : le calme, la douceur
L'ours : la force tranquille
La loutre : la bienveillance, la curiosité, la joie
Le papillon : la capacité de transformation
Le coyote : l'amusement
Le chien : la confiance en soi
Le castor : la capacité à construire et créer
Le renard : la rapidité
L'écureuil : l'intelligence
La libellule : la sérénité et la légèreté
Le dauphin : la libération émotionnelle, l'attention, l'apaisement
L'araignée : la créativité, la patience
Le colibri : l'ouverture du cœur, l'amour, l'harmonie
Le tigre : la vitalité, la puissance, l'imprévisibilité

LE LION

La force intérieure, le courage

L'AIGLE

La concentration

LE CERF

Le calme, la douceur

L'OURS

La force tranquille

1, 2, 3
Respire !

1, 2, 3
Respire !

1, 2, 3
Respire !

1, 2, 3
Respire !

LA LOUTRE

La bienveillance, la curiosité, la joie

LE PAPILLON

La capacité de transformation

LE COYOTE

L'amusement

LE CHIEN

La confiance en soi

1, 2, 3
Respire !

1, 2, 3
Respire !

1, 2, 3
Respire !

1, 2, 3
Respire !

LE CASTOR

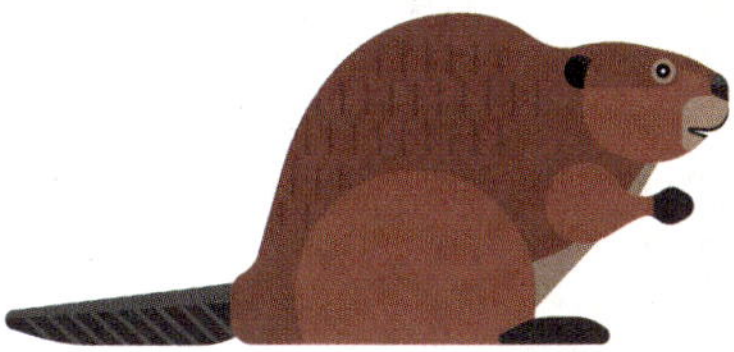

La capacité à construire et créer

LE RENARD

La rapidité

L'ÉCUREUIL

L'intelligence

LA LIBELLULE

La sérénité et la légèreté

1, 2, 3
Respire !

1, 2, 3
Respire !

1, 2, 3
Respire !

1, 2, 3
Respire !

LE DAUPHIN

La libération émotionnelle, l'attention, l'apaisement

L'ARAIGNÉE

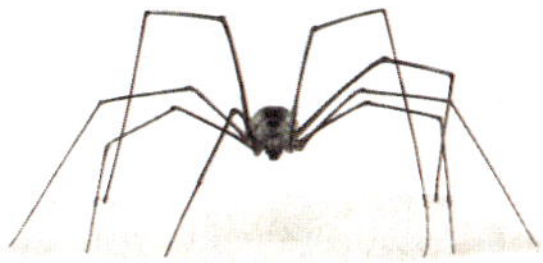

La créativité, la patience

LE COLIBRI

L'ouverture du cœur, l'amour, l'harmonie

LE TIGRE

La vitalité, la puissance, l'imprévisibilité

1, 2, 3
Respire !

1, 2, 3
Respire !

1, 2, 3
Respire !

1, 2, 3
Respire !

Jouer avec les animaux totem

Un enfant qui aura besoin de vivre pleinement sa joie pourra donc se sentir comme une libellule ou un colibri. S'il ressent de la colère, comme un tigre ou un renard. S'il a besoin de ressentir de l'apaisement après une colère, il peut d'abord se sentir comme un dauphin ou un papillon, et ensuite se percevoir comme un ours par exemple.

Si en revanche, vous souhaitez qu'il découvre toutes les émotions qu'il peut traverser, laissez le hasard l'emporter sereinement vers un voyage intérieur après quelques respirations.

Les « animaux totem », c'est un outil de gestion émotionnelle puissant chez l'enfant.
Il peut l'aider à gérer une crise d'angoisse, un sentiment de peur, se préparer à un événement stressant, ressentir pleinement la joie qui l'anime ou encore gagner en confiance en lui. L'idée est de se connecter avec l'énergie de l'animal qu'il choisit ou dont il a besoin. Ainsi l'enfant va se dissocier de son état émotionnel intense pour prendre les qualités et les aptitudes de l'animal totem. L'enfant se déconnecte de ce qu'il est et se transforme en l'animal totem. Créer du lien avec la nature et le règne animal afin de retrouver le calme. Au lieu d'alimenter l'émotion difficile à vivre, il se calme, s'apaise et prend de la distance.
Deux possibilités de jeu : soit en sélectionnant une carte avec le parent, soit en piochant librement parmi les cartes proposées.

VERSION 1 : JE SÉLECTIONNE UNE CARTE AVEC MON PARENT

Je visualise, en fermant les yeux, l'animal totem de la carte.
Je voyage en imaginant mon corps se transformer en l'animal totem choisi.
Je me laisse gagner par ses qualités physiques et mentales.
Puis je m'imagine dans le décor de mon choix avec le corps de mon animal totem.
Je respire profondément à la fin de l'exercice.

Vous pouvez aussi suggérer à votre enfant un animal en fonction de son besoin. Identifiez ensemble le besoin de l'enfant, a-t-il besoin de surmonter une peur ou d'être plus concentré ou serein ? Et en fonction, suggérez-lui un animal...

VERSION 2 : L'ENFANT CHOISIT LIBREMENT ET PIOCHE PARMI LES CARTES PROPOSÉES

L'enfant part à la découverte de toutes les émotions au hasard, pour mieux s'y habituer. Guidez-le en lui demandant de fermer les yeux, de respirer calmement et de tenter de se mettre dans la peau de l'animal totem.

ZOOM

ÉMU POUR UN RIEN, MAIS JAMAIS POUR RIEN

Nous avons tous une « bonne raison » de ressentir ce que nous ressentons, quand bien même cela échappe à notre raisonnement. Cela est d'autant plus vrai chez l'enfant qui commence tout juste ses expérimentations et manque de recul.

Écoutez-vous pour vous entendre. Lorsque tout s'emballe chez votre enfant, écoutez-vous. Avant de nous occuper de l'émotion de notre enfant, il faut savoir reconnaître la nôtre. Apprendre à regarder en nous quand tout s'embrase permet de mieux entendre l'émotion de son enfant.

Faites-lui décrire ce qu'il a ressenti lors de ce voyage intérieur :

Quelle est ma nouvelle énergie ?

Quelles sont les qualités de mon animal totem qui m'ont aidé ?

Quelle est sa force ?

Qu'as-tu ressenti ?

Astuce

Repensez au masque à oxygène dans l'avion. On vous indique toujours de le placer d'abord sur vous avant d'aider l'enfant à le faire. Eh bien, en cas de crise émotionnelle, il en est de même, respirez lentement avant d'agir, donnez-vous le temps de retrouver votre équilibre intérieur avant d'aider votre enfant à trouver le sien.

ZOOM

Dans les années 90, un neuroscientifique a mis en évidence que si on observe le mouvement ou l'émotion de l'autre, on le reproduit dans son cerveau sans pour autant bouger soi-même.
Alors n'oubliez pas qu'observer la peur, la colère, la joie ou la tristesse chez votre enfant vous fait éprouver la même émotion.

On essaie ensemble… Repassez-vous le film au lieu de vous en faire des films

Pour gagner en sérénité, voici 4 questions essentielles à vous poser :

1 AVEZ-VOUS APPUYÉ SUR PAUSE ?

Une émotion dure dans le corps 2 minutes, alors, quand votre enfant est submergé, n'exigez ni de lui ni de vous l'impossible. Laissez ces 2 minutes passer simplement et, après, discutez.

Profitez-en vous pour ralentir afin de ne pas vous faire emporter.

2 QUE SE PASSE-T-IL CONCRÈTEMENT ?

3 QU'EST-CE QUE CELA A PROVOQUÉ EN VOUS ?

4 QU'AVEZ-VOUS FAIT ?

Déculpabilisez, vous n'êtes pas là pour vous justifier ou vous excuser, mais pour partager cette condition d'humain avec lui.

Accepter n'est pas subir. Accepter l'émotion de votre enfant, ce n'est pas abandonner la partie, loin de là, c'est simplement être là avec votre émotion et non plus contre elle ou sans elle. Après avoir ressenti une émotion, on ressent au fond de soi un sentiment qui lui est associé. Ainsi l'accumulation d'émotions difficiles provoque un sentiment de jalousie, d'angoisse et, à l'inverse, une succession d'émotions positives procure l'enthousiasme ou la surprise.

Je note mes ressentis

Évoquez en famille votre semaine passée, quelles ont été vos principales émotions ?

Par conséquent, quel a été votre sentiment prédominant ?

La flexibilité émotionnelle

L'émotion est comme une vague qui monte et qui redescend, et tout au long de la journée, nous allons de vague en vague selon les événements. Observez votre enfant, regardez sa flexibilité, il passe rapidement d'une émotion à une autre. C'est parce qu'il n'est pas encore en mesure, comme nous, d'élaborer une pensée complexe.

On essaie ensemble...

Aidez-le à mieux surfer, mettez une musique avec le son de la mer et demandez-lui de fermer les yeux.
Laissez-le imaginer les vagues, le sable chaud et le soleil qui l'apaisent.
Vous pouvez également lui rappeler vos dernières vacances à la mer avec une voix douce, puis le laisser revenir, ici et maintenant, apaisé.

COMMENT LA SOPHROLOGIE PEUT AMÉLIORER LA GESTION ÉMOTIONNELLE DE VOTRE ENFANT

Maintenant que nous avons abordé ce qu'est la sophrologie et que nous avons appris à comprendre et identifier les émotions, nous allons pouvoir utiliser la sophrologie comme un allié dans la progression émotionnelle de l'enfant.

Pour ce faire, il nous faut comprendre comment l'émotion intervient dans le quotidien de l'enfant et comment ces étapes vont créer un véritable château de cartes qui peut à tout moment soit s'écrouler soit s'accroître.

L'enfant est tout au long de sa journée stimulé par des situations à vivre, chaque situation va mettre en éveil ses cinq sens. Nous avons tous nos sens qui nous stimulent, mais c'est d'autant plus vrai chez l'enfant car le cerveau ne fait pas la différence entre ce qu'il imagine et ce qu'il voit. C'est-à-dire que si, par exemple, votre enfant voit une araignée, il utilise donc le sens de la vue, il peut tout à fait percevoir cette araignée telle qu'elle est, petite et inoffensive, ou l'imaginer comme immense et velue car il en a peur. Cette information, une fois perçue, est envoyée au cerveau qui va, par le biais de l'hypothalamus, secréter en plus ou moins grande quantité différentes hormones telles que le cortisol, hormone du stress, la dopamine, hormone de la motivation, et l'ocytocine, hormone de l'amour. Chaque émotion a donc un impact sur le système hormonal de votre enfant. Son corps tout en entier lui permet de réagir en quelques secondes pour faire face à ce qu'il vit ici et maintenant. Ensuite, l'hypothalamus retranscrit physiologiquement et physiquement les effets de l'émotion sur l'organisme. Votre enfant va donc vous sembler plus tendu, il aura le cœur qui bat beaucoup plus vite, il transpirera peut-être, voire si la peur est trop grande, il finira par se faire pipi dessus. Mais ce qui peut vous sembler déraisonnable est tout aussi inconfortable pour lui, et c'est tout son physique et son mental qui vont se mettre en action pour retrouver l'équilibre. Pour ce faire, votre enfant va utiliser la décharge émotionnelle qui a pour but de baisser ce phénomène de tension émotionnelle, afin de se réguler. Ce qui va donner un enfant qui peut hurler, pleurer, se débattre pour enfin aller vers la récupération émotionnelle. L'enfant, après avoir eu peur, va se blottir contre le parent pendant un long moment pour retrouver le calme dont il a besoin pour dépasser cette sensation émotionnelle inconfortable.

C'est ce qu'on appelle la gestion émotionnelle classique, sans l'avoir travaillée au préalable. La sophrologie va permettre d'améliorer la réponse émotionnelle de votre enfant sur bien des points. Je m'explique : prenons l'exemple à nouveau de la peur, l'enfant a peur d'une situation mais il connaît la sophrologie et ses outils. Il a donc travaillé sur ses peurs et ses ressources. Il a verbalisé avec ses parents ses peurs, et ses parents lui ont permis de trouver des situations antérieures où il a dépassé des obstacles avec succès, ce qui a augmenté sa confiance en lui et ce qui lui permet, face à une situation de peur, de mieux réguler ses hormones. Ainsi il va sécréter moins de cortisol, hormone du stress, et plus de dopamine, hormone de la motivation. Par ailleurs, face à cette situation, il va mettre en pratique des exercices immédiats de respiration et de visualisation. Cela va lui permettre de s'apaiser et d'anticiper positivement la suite de la situation. L'enfant aura une réaction psychique et physique meilleure. Quant à ce qu'il transmettra à ses parents, ce sera forcément plus calme et compréhensible puisqu'il sera en mesure d'exprimer son besoin. Sa récupération émotionnelle ne sera que meilleure et lui permettra de retourner à une activité positive beaucoup plus rapidement.

Ce qui est valable pour l'enfant l'est tout autant pour l'adulte puisque, dans une situation d'agacement ou de colère par exemple, le parent qui a travaillé grâce à la sophrologie sera en mesure de gérer également mieux ses émotions, d'avoir donc une réponse psychique et physique meilleure devant son enfant et de le guider vers un quotidien plus serein.

Tous les moments de vie font appel à nos émotions, et notre réponse va influencer notre relation au monde. Plus votre réponse sera adaptable, plus vous vous sentirez, vous et votre enfant, à l'aise dans la vie ; plus elle sera inadaptée et mettra du temps à se réguler, plus vous laisserez une porte d'entrée au stress et à l'anxiété.

L'anxiété, fléau de notre époque, n'est qu'une répétition de situations de stress où l'individu n'a pas été en mesure de répondre de manière adaptée et rapide à la situation. C'est en travaillant notre gestion émotionnelle dès le plus jeune âge que nous optimisons nos capacités de résilience face à toute situation.
Le mandala, un outil au service de la gestion émotionnelle
Le mandala est une représentation graphique utilisée initialement par les bouddhistes.
Le mot *mandala* signifie « cercle ». Ce cercle

SCHÉMA 1

TOM A PEUR DU CHIEN DU VOISIN

1 **Tom voit le chien**

L'enfant rencontre une situation et la perçoit grâce à ses 5 sens.

Le cerveau ne fait pas la différence entre ce que nous voyons et ce que nous imaginons.

2 **Tom sécrète différentes hormones en fonction de cette situation :**

de la cortisol (il est stressé), *de la dopamine* (il est motivé), *de l'ocytocine* (il éprouve de l'amour).

Chaque émotion a un impact sur le système hormonal.

Le corps de votre enfant lui permet de réagir en quelques secondes pour faire face à cet événement. L'hypothalamus retranscrit physiquement les effets des émotions sur l'organisme.

3 **Tom a le cœur qui bat plus vite, il transpire…**

4 **Tom hurle et pleure.**

La décharge émotionnelle a pour but de baisser la tension émotionnelle.

5 **Tom fait un câlin à sa maman et reste blottit contre elle, sans pouvoir s'en détacher.**

SCHÉMA 2

SCHÉMA ÉMOTIONNEL GRÂCE À LA SOPHROLOGIE

1 **Tom voit le chien MAIS Tom a travaillé sur ses peurs et ses ressources.**

Il régule mieux ses hormones.

2 **Tom RESPIRE en conscience.**

Il sécrète plus de dopamine et moins de cortisol grâce à la respiration et la visualisation.

3 **Tom a une réponse physiologique plus adaptée.**

4 **Tom verbalise à sa maman sa peur calmement et il exprime son besoin.**

« J'ai peur du chien, peux-tu m'aider à mieux vivre ce moment ? »

5 **Tom effectue une récupération émotionnelle plus efficace et son abdomen est resté plus souple. Son sommeil sera moins perturbé et il reprendra plus vite une activité positivement.**

symbolise pour les bouddhistes l'univers qu'ils doivent contempler tout en méditant. Pratiquement hypnotique, cet art est également utilisé dans les sociétés occidentales comme, par exemple, dans les rosaces des églises. Il fascine, car il représente le calme, la sérénité intérieure. Pratiquer l'art des mandalas permet de se recentrer, de se calmer, de s'apaiser, de se faire confiance et de trouver un équilibre. Le mandala donne une image de l'intérieur de soi en nous mettant à l'écoute de nous-même.

JE MÉDITE, JE RESPIRE, JE COLORIE

Mettez
vos émotions négatives
sur pause pendant 15 minutes.
Respirez profondément.
Coloriez le dessin sans vous
presser et en vous appliquant.
Petit à petit, vous allez
vous détendre
et lâcher prise.

Je note mes ressentis

L'animal présenté me fait penser à :

J'ai utilisé les couleurs suivantes :

CHAPITRE 2

La colère

« L'enfant qui a
le plus besoin d'amour
est souvent celui qui
se montre le moins
aimable. »

Jacques Salomé

La colère est une émotion souvent intense et bruyante. Elle répond à un refus, une agression, une frustration ou une injustice. Votre enfant est en position d'attaque. Il peut être agacé, contrarié, furieux, agité, irrité ou agressif.

Elle n'en reste pas moins une émotion utile et nécessaire, qui se manifeste par un mécontentement, suite souvent à une frustration.

Même si elles peuvent nous sembler déraisonnables ou excessives, les crises de colère font partie du développement normal de l'enfant, on y est plus facilement confronté quand il développe son autonomie. Si certaines de ces colères peuvent ne durer que quelques minutes, d'autres en revanche durent beaucoup plus longtemps. C'est une façon de réagir pour l'enfant, lorsqu'il se sent dépassé par l'intensité de son besoin. C'est avant tout une réaction de protection. Elle sert à préserver l'intégrité. C'est l'expression d'un non à ce que l'enfant juge comme une injustice.

Il existe chez l'enfant différents déclencheurs de la colère, comme la frustration devant un obstacle qu'il n'arrive pas à dépasser, une injustice ou une impression d'injustice, un dommage causé par un tiers, des limites dépassées et qu'il souhaite marquer par un arrêt ou encore une atteinte à sa propre valeur. Avant la colère, en réalité plus profondément, se sont dessinés la peur, l'anxiété, la vulnérabilité, le stress ou la fatigue.

Une colère peut tout à fait être saine et simplement indiquer un besoin qui demande réparation. Réparer la blessure et la frustration… La colère va permettre de sortir de l'impuissance de contrôle de la situation, elle permet de se positionner et de s'affirmer. C'est en exprimant sainement sa colère que l'enfant apprend l'affirmation de soi.

Le problème, c'est que l'enfant n'est pas toujours en mesure de l'exprimer sainement, tout d'abord parce que cette émotion fait appel à une forte énergie et souvent une forte décharge physique. Par cette décharge, il y a, comme expliqué dans le chapitre 1, la volonté d'éliminer les tensions. La colère fait consommer de l'énergie, et rien d'étonnant si votre enfant vous semble fatigué après un accès de colère. Il faut de l'énergie pour initier un changement et c'est ce que cherche cette émotion, elle cherche à dépasser l'obstacle.

La colère est souvent intériorisée dans notre société, et c'est l'émotion la moins acceptée. Mais attention, lorsque l'on explose ou l'on implose, le corps va imprimer négativement cette émotion : ce qui peut donner lieu à des enfants qui raidissent le dos, qui serrent la mâchoire, qui serreront les poings dans le sommeil, etc.

ZOOM

UNE MAUVAISE GESTION DE LA COLÈRE PEUT PRENDRE DEUX DIRECTIONS :

• par l'explosion : votre enfant explose comme un volcan.

• par l'implosion : votre enfant laisse le volcan gronder à l'intérieu.r

Notez vos ressentis

Faire face à la colère et explorer cette émotion

Si vous ou votre enfant ressentez de la colère, interrogez-vous ainsi :

1. Quels sont vos déclencheurs de la colère ?

2. Que ressentez-vous dans votre corps ?

3. Comment l'exprimez-vous ?

4. Quel est le besoin qui est insatisfait ?

5. Comment gérez-vous une frustration ?

6. Que faites-vous pour provoquer un changement ?

Le langage non verbal de la colère

Cette émotion peut se manifester de diverses manières, soyez attentif.

Pour désamorcer l'émotion avant qu'elle n'explose, vous pouvez observer les indicateurs suivants :

- Votre enfant serre-t-il les poings ou la mâchoire ?
- Votre enfant tape-t-il des pieds ?
- Votre enfant crie-t-il de colère ?
- Votre enfant demeure-t-il le visage fermé et les sourcils froncés ?
- Est-ce que sa respiration s'accélère ?

L'autorité bienveillante

C'est cette force qui permettra à l'enfant de se construire ; en l'adoptant, vous lui permettrez de se responsabiliser et de grandir.

Attention ! Néanmoins, les enfants n'ont pas la même notion du temps qui passe que nous. Cinq minutes peuvent être ressenties comme 1 heure. Pour éviter une colère face à l'arrêt d'un jeu ou d'un dessin animé, indiquez toujours une limite de temps dans votre consigne. Par exemple, lorsque le dessin animé sera terminé, on éteint la télévision. Cela évitera qu'un moment agréable finisse dans les cris.

ZOOM

LES 3 CLÉS D'UNE AUTORITÉ BIENVEILLANTE

1. Éduquer son enfant dans la bienveillance, le respect de soi et de l'autre. Amener l'enfant à ce qu'il puisse y trouver un intérêt personnel.
2. Aider l'enfant à être responsable de sa part à lui, de ses choix, de ses actes et d'assumer les conséquences de ceux-ci. C'est grâce à l'autorité bienveillante que vous diminuerez l'intensité des colères. Votre enfant sera ainsi dans le respect de soi et des autres et il finira par utiliser cette même méthode de communication : la bienveillance.
3. Le cadre et le temps. Le cadre marque la frontière entre le dedans et le dehors, si vous donnez un stylo et une feuille à un enfant, la feuille va représenter le cadre. Cadrer votre enfant, c'est lui apprendre à ne pas dépasser les bords.

On essaie ensemble… de débusquer les fausses croyances

Il est très important que vous compreniez la colère de votre enfant pour débusquer les fausses croyances qu'elle dissimule, comme par exemple : « Je ne peux pas être aimé(e) », « Je suis nul(le) », « Je ne suis pas gentil(le) ». La prochaine fois qu'il est contrarié ou en colère, posez-lui ces deux questions :
Tu es en colère contre quoi et contre qui ?
Qu'est-ce que tu te dis sur toi, là, maintenant ?

De la même manière, pour vos parents, quelle est la situation qui vous met en colère envers votre enfant ?

Complétez les phrases suivantes :

1. Je suis en colère quand :

2. Vous êtes en colère contre qui ? Lui ou vous ?

Enfin, voici la phrase finale à compléter :

Je ne suis pas en colère parce que (complétez avec la réponse 1)

mais je suis en colère lorsque

(complétez avec la réponse 2), alors je me dis que

(complétez votre réponse) :

- Je ne suis pas capable
- Je ne suis pas aimable
- Je suis nul(le)
- Je

Vous remarquerez que la réponse correspond à votre fausse croyance, et non à ce que votre enfant pense de vous.

Ne vous jugez pas. Vous ne vous sentez pas mal parce que votre enfant ne fait pas ce que vous aimeriez qu'il fasse ; vous vous sentez mal parce que, quand votre enfant ne fait pas ce que vous aimeriez qu'il fasse, alors vous ne savez pas comment agir.

On essaie ensemble... la réparation

Aidez votre enfant à travailler sur ses émotions négatives. Après une colère, indiquez-lui le chemin avec ces 3 étapes : la non-récompense, la prise de conscience, puis la réparation.

Ne lui offrez pas un cadeau dans l'heure qui suit, discutez avec lui après la tempête et invitez-le à réparer le moment désagréable par un moment plus doux, un câlin peut être suffisant.

On essaie ensemble... la compréhension

S'il a cassé quelque chose, invitez-le à ramasser et à recréer l'objet au travers d'un dessin. S'il a dit de mauvais mots, demandez-lui de s'excuser et demandez à l'autre de lui rendre par écrit ses mauvais mots afin qu'il les déchire lui-même pour les faire disparaître. Cet acte symbolique permet la compréhension.

ZOOM

LES TROIS FORMES DE COLÈRE

La colère sur l'autre, la colère en soi et la colère d'évitement

Si on comprend facilement les deux premières, la dernière, elle, sert à échapper à un problème. C'est quand nous nions nos propres besoins, mais le corps, lui, n'oublie pas, alors il réagit. L'émotion est d'abord un mouvement du corps, donc il l'exprimera tôt ou tard.

On essaie ensemble… le pardon

Prenez le temps, chaque matin, de respirer profondément et d'évaluer comment vous vous sentez. Si vous ressentez des tensions, alors c'est qu'il est grand temps de les expirer et de chasser l'ouragan qui se prépare !

Après une dispute, par exemple, indiquez à votre enfant qu'il existe un mot magique qui peut tout arranger : le mot « pardon ». Ainsi vous accompagnez votre enfant à mettre des mots sur les maux qui ont pu blesser l'autre, et vous pouvez améliorer sa communication.

N'oubliez pas… L'enfant a besoin de vivre des expériences pour les comprendre. La colère est une expérience. Votre enfant grandit, accompagnez-le à mieux comprendre ce qui se passe en lui.

On essaie ensemble… la libération du dragon

Lorsque votre enfant est fâché, il ne peut parfois rien écouter et il se transforme en véritable dragon. Faites-lui faire quelques respirations en rendant l'expiration dynamique et rapide et demandez-lui d'imaginer que sa colère prend la forme d'une fumée noire. Qu'il l'expire par la bouche pour la faire disparaître de son corps. Faites-lui remarquer comme il est calme et paisible une fois qu'elle a complètement disparu.

On essaie ensemble… le pendule

LE VISAGE DE VOTRE ENFANT A VIRÉ AU ROUGE

C'est le moment de pratiquer. En position debout ensemble, vous allez vous pencher

vers l'avant ; les bras ballants et les jambes légèrement pliées, vous allez comme un pendule commencer à balancer vos bras latéralement, comme un mouvement de balancier.
Harmonisez les mouvements et votre respiration. Puis inspirez quand vos bras se lèvent et expirez lorsqu'ils reviennent au sol. À chaque nouvelle respiration, les bras repartent en mouvement inverse.

LE LÂCHER DE BALLON

Invitez votre enfant à placer ses mains sur son ventre et à fermer les yeux. Dites-lui d'imaginer que son ventre devient un ballon en prenant l'air et qu'il s'envole dans le ciel lorsqu'il relâche l'air. Après avoir répété avec lui plusieurs fois cet exercice, invitez-le à admirer tous les ballons dans le ciel et à observer leurs mouvements, leurs grosseurs, leurs couleurs. Et remarquez comment ce moment de rêverie à deux vous a apaisés.

BONUS

Faites un scan de son état mental et physique

Comment vous sentez-vous ici et maintenant ? Relâché ou tendu ? Ressentez-vous des zones de tension ?
Relâchez votre visage, desserrez la mâchoire, relâchez vos épaules, votre abdomen, vos jambes et tout votre corps. Inspirez profondément par le nez pendant trois secondes, retenez l'air trois secondes, puis soufflez l'air sur trois secondes.
Étirez-vous jusqu'au bout des doigts, jusqu'au bout des orteils.
Notez dans un carnet de pratique les sensations dans votre corps. Identifiez les endroits de confort, de tension et, au besoin, réajustez la posture.
Ayez conscience de la chaleur ou de la fraîcheur de la pièce, des vêtements sur votre corps, de la luminosité, de votre énergiet.

Accueillez les pensées agréables et désagréables qui vous traversent

Laissez-les passer, tels des nuages dans un beau ciel bleu. Elles ne font que passer… Revenez à l'essentiel ! Notez vos pensées dans votre carnet de pratique telles qu'elles se sont présentées à vous, sans jugement.
Finissez l'exercice en esquissant un sourire sur votre visage, puis faites-le rayonner en vous pour accueillir votre sourire intérieur.
Connectez-vous à votre respiration, au trajet de l'air, au rythme régulier entre l'inspire et l'expire. Accueillez vos sensations et vos perceptions.

Reconnectez-vous à votre souffle

Inspirez le chemin du souffle depuis les narines vers l'abdomen, puis poumons et épaules.

Sur l'expiration lente et profonde par la bouche, suivez le trajet de l'air, épaules, poumons et ventre qui rentre légèrement.

Remarquez les mouvements réguliers de votre corps qui respire, celle de votre poitrine et de votre ventre/diaphragme.

Puis allongez l'expiration et maintenez-la six secondes. Respirez en pleine conscience durant quelques cycles respiratoires. Vous vivez l'instant présent, ici et maintenant.

Prenez un temps pour accueillir les messages de votre corps entièrement relâché et, les perceptions.

Vous venez de faire un point sur votre météo intérieure.

Visualisez un paysage de détente

Utilisez la visualisation mentale et imaginez devant vous un vaste paysage comme une étendue d'eau, un grand lac calme et paisible au lever du soleil. Visualisez la surface lisse de l'eau, des barques tranquillement installées qui flottent à leur rythme. L'une d'elles se détache du groupe, elle s'éloigne paisiblement, emportant avec elles vos pensées parasites, tout ce qui vous encombre.

Laissez-vous alors gagner par un profond sentiment de paix, de sérénité, dans le confort de ce paysage apaisant.

À la fin de cette pratique, prenez le temps de noter tel que cela vous vient : les couleurs, les détails de ce paysage et agrémentez-le à chaque nouvelle visualisation afin d'aller plus profondément à chaque fois dans la détente.

Respirez en conscience pour une détente express

La respiration carrée : expiration sur 4 secondes, inspiration sur 4 secondes et rétention d'air sur 4 secondes ; à nouveau, expiration sur 4 secondes, rétention sur 4 secondes, etc.

La cohérence cardiaque : 5 secondes d'inspiration, 5 secondes d'expiration. 5 cycles respiratoires. On prend le temps de ressentir.

Profitez-en pour travailler la notion d'ancrage et de présence à soi par la verticalité.

Les deux pieds posés sur le sol, le bas du corps ancré et le haut souple, épaules détendues, on imagine l'énergie de la terre qui monte du sol par le bas du corps, jusqu'en haut, en respirant consciemment.

Voyage intérieur de l'enfant

En position debout, la tête dans le prolongement du corps. Invitez-le à se concentrer sur les sensations sous ses pieds. Les pieds s'installent dans le sol, largeur du bassin. À présent, proposez-lui de fermer les yeux et lisez ce texte :

« Dessine doucement avec ton corps des huit (8) de gauche à droite, comme une vague que ton corps crée, laisse-le former un 8 de gauche à droite tout en respirant. Tu vas faire trois beaux 8 avec ton corps, de gauche à droite. Puis trois beaux 8 d'avant en arrière. Et tu reviens à ta position initiale, les pieds dans le sol. Ressens ton point d'équilibre, réajuste-toi au besoin.

Maintenant que tu es solide comme un arbre, imagine comme des ronds sous chacun de tes orteils, chaque rond épouse la forme de ton pied. Un petit rond pour le plus petit de tes orteils et un grand rond pour le plus grand. Puis remplis ces ronds de la couleur qui pour toi représente l'émotion de la colère, peut-être est-ce du rouge ou peut être une tout autre couleur, laisse-la venir à ton esprit et remplis ces 10 ronds sous tes pieds avec cette couleur. À présent que ces 10 ronds sont remplis de l'émotion que tu ressens ici et maintenant, laisse la couleur monter le long de tes chevilles, de tes mollets, de tes cuisses et de tout ton corps jusqu'au sommet de ta tête. Ressens les modifications qui se passent à l'intérieur de toi quand tu laisses cette couleur t'envahir. Un fois que tu es totalement rempli de la couleur de la colère, et donc que tu es rempli de colère, laisse venir à toi une émotion positive, comme la joie, la gratitude ou l'amour et détermine une couleur. Pour t'aider, laisse venir dans ta tête un souvenir en lien avec cette émotion, un câlin avec une personne que tu aimes, un cadeau reçu, un moment de partage récent... Et de la même manière qu'avec la colère, colorie lentement les ronds sous tes pieds avec la couleur de l'émotion positive. Et laisse ensuite cette couleur monter en toi jusqu'au sommet de ta tête.

Laisse ton corps s'imprégner de l'amour, de la joie, de la gratitude et du bien-être.

Prends conscience de ta capacité à modifier une émotion ressentie, accueille cette nouvelle émotion dans ton corps et dans ta tête. Et quand tu es prêt, respire profondément, bouge tes mains, tes épaules, ta tête et enfin ouvre les yeux. »

Cette visualisation va vous permettre, à vous comme à votre enfant, de prendre conscience de votre capacité à ressentir volontairement une émotion. Vous l'accompagnez à orienter sa pensée vers des ressentis positifs, même quand l'inconfort est grand.

JE MÉDITE . JE RESPIRE . JE COLORIE . JE MÉDITE . JE RESPIRE . JE COLORIE

Mettez vos émotions négatives sur pause pendant 15 minutes. Respirez profondément. Coloriez le dessin sans vous presser et en vous appliquant. Petit à petit, vous allez vous détendre et lâcher prise.

Je note mes ressentis

L'animal présenté me fait penser à :

J'ai utilisé les couleurs suivantes :

CHAPITRE 3

La peur

« Le courage n'est pas
l'absence de peur, mais
plutôt le jugement
que quelque chose d'autre
est plus important
que la peur. »

Nelson Mandela

Les peurs des enfants peuvent être nombreuses et variées, tous les enfants en ont. Les peurs aident à grandir et notre rôle est de les respecter et de les accueillir. Ce n'est qu'ainsi que nous serons capables de répondre à son désir de sécurité et que nous l'aiderons à les apprivoiser et à les surmonter.

La peur est une émotion naturelle qui informe de la présence d'un danger potentiel pour mieux s'en protéger. Potentiel, mais pas forcément réel.

Aussi étrange que cela puisse paraître, ces peurs permettent à vos enfants de faire face à l'inconnu et à leurs propres limites. Il ne faut pas percevoir nos émotions comme des freins, car elles ont chacune leur propre fonction et nous aident à satisfaire nos besoins personnels. Les émotions sont un système d'informations nous indiquant qu'il se passe quelque chose. La peur est donc utile et même indispensable, car elle nous met en alerte en cas de danger et mobilise notre organisme. Elle est l'instinct de survie humaine. C'est un véritable radar qui nous guide afin de faire face à tout ce qui peut constituer une menace à notre bien-être. Le déclencheur de la peur est donc la perception d'un danger et ce danger au regard de l'enfant peut être présent, imminent ou fantasmé. Eh oui, l'inconnu suscite aussi la peur, d'autant plus chez l'enfant qui est en pleine découverte de tout.

Chez certains, la peur décuple les capacités de courage et, chez d'autres, cela engendre une vraie paralysie. Comme le corps est mobilisé pour faire face à la menace, cette émotion s'accompagne de réactions physiques. L'être humain, peu importe son âge, lorsqu'il ressent de la peur, augmente sa production d'adrénaline, ce qui provoque instantanément une accélération du rythme cardiaque et respiratoire, les muscles se tendent avec parfois des tremblements ou la chair de poule. Et lorsqu'il y a décharge émotionnelle après un épisode de peur, souvent, il y a des tremblements dans tout le corps. Ce sont des réactions extrêmes, mais normales et maîtrisables.

Notez ici vos ressentis

Faire face à la peur en explorant cette émotion. Répondez à ces questions avec votre enfant.

Quelles sont vos peurs ?
Citez trois peurs ressenties dernièrement : Correspondent-elles à un danger réel, imaginaire ou à la peur de l'inconnu ?

Vous autorisez-vous à les ressentir ?

Comment se manifestent-elles dans votre corps ?

On essaie ensemble... la respiration en 4 temps

Lors d'une crise d'angoisse ou d'une grande peur, les battements du cœur et la respiration s'accélèrent, ce qui nous met dans une situation d'hyperventilation.

Vous pouvez alors mettre en place avec votre enfant la respiration en 4 temps.

Inspirez par le nez en comptant jusqu'à 4.

Bloquez votre respiration à nouveau sur 4 temps.

Soufflez par le nez sur 4 temps.

Bloquez à nouveau votre respiration sur 4 temps.

De cette manière, vous réoxygénez votre corps et stoppez rapidement les effets de la peur.

Astuce pour votre enfant

Quand la peur surgit, ton cœur s'accélère, tu frémis et tu transpires.

Si cela t'arrive, inspire et expire doucement, tu sens comme tu te détends ?

Si la peur ose t'embêter, pense à un souvenir drôle et ris fort pour lui faire peur.

ZOOM

Jusqu'à l'âge de 6 ans environ, l'enfant ne distingue pas la différence entre réalité et fiction. C'est par exemple pour cela qu'il peut avoir peur des sorcières ou des dragons. Si votre enfant a peur au moment du coucher, vous pouvez matérialiser l'interdiction pour la peur de rentrer dans sa chambre. Un affichage avec un dessin de votre enfant et l'inscription « interdit d'accès au loup », « interdit aux sorcières », etc.

Et si la peur est toujours présente et que votre enfant crie toujours au secours, faites fuir ensemble la peur en mettant des mots. Comme « ouste la peur, du balai ! » À plusieurs, on est toujours plus forts !

On essaie ensemble... trois visualisations pour chasser la peur

1 Si votre enfant ressent une crainte avant de se coucher. Proposez-lui de se libérer de ce qui l'inquiète grâce à l'étoile magique. Invitez-le à fermer les yeux et à imaginer une étoile brillante et magique. Car elle transforme les peurs en lumière pour nous rassurer. Demandez-lui de prendre une profonde inspiration et de souffler très fort en direction de l'étoile. Pfiou, les peurs décollent vers l'étoile. Puis proposez-lui de respirer lentement et de prendre conscience du calme en

lui, la peur s'est envolée vers le ciel et, à présent, une étoile brille plus fort dans la nuit. Il est donc temps de s'endormir paisiblement et, s'il en éprouve à nouveau le besoin, il peut recommencer cet exercice. Bonne nuit.

2 Prends trois grandes respirations en sentant ton ventre se gonfler et se relâcher. Tes épaules s'abaissent. Tu es détendu, il est temps de fermer les yeux et d'imaginer ta rencontre avec un magicien. Tu peux lui demander tout ce que tu veux, il est capable de réaliser absolument tout.
Peut-être que quelque chose te fait peur. Peu importe ta demande, il t'écoute. Imagine-le secouer sa baguette et que ton corps se remplit de lumière et de chaleur. Tout ton corps s'illumine, imagine alors comment tu te sentirais si ton vœu se réalisait. Puis ouvre les yeux, étire-toi et ressens pleinement la joie.

3 Si votre enfant ne se sent pas en sécurité, proposez-lui de prendre une petite pause en position fœtale. Recroquevillé sur lui-même, suggérez-lui de s'imaginer dans un nuage enveloppant et chaleureux, comme quand il se love au creux de vos bras ;

vous pouvez, si vous le souhaitez, l'accompagner sur cet exercice en vous mettant dans la même position durant quelques respirations calmantes.

Le mot peur vient du latin *pavor*. Pavor était la déesse de la peur.
Cette émotion est très proche de l'inquiétude que l'on ressent en présence d'un danger ou dans la perspective d'un danger par anticipation qui peut également survenir juste en pensant au danger.
Quand les signaux de la peur sont étouffés ou lorsque notre éducation ne nous a pas autorisés à vivre cette émotion, nous pouvons risquer de la garder à l'intérieur de nous-même. Tel un tatouage sur notre peau, son énergie va alors rester inscrite dans notre corps. Enfants ou adultes peuvent présenter des manifestations physiques telles que la gorge serrée, la mâchoire raide, les épaules relevées...
Vous l'aurez donc compris, éviter la peur, c'est mettre en place des mécanismes de défense. Un mécanisme de défense est une stratégie d'adaptation et de survie que l'on construit durant l'enfance. D'où l'intérêt d'accompagner nos enfants à écouter leurs peurs pour les dépasser. Ce mécanisme se met en place pour soulager une angoisse. Et c'est souvent là que se développent des comportements réactifs, défensifs et rigides chez l'enfant, ces comportements sont souvent compulsifs afin de l'apaiser, mais ce soulagement ne sera que temporaire et inadapté.
Enfin, quand on réprime trop souvent sa peur, on laisse une porte d'entrée à la phobie, l'anxiété ou encore l'angoisse et la panique.

Les différentes formes que peut revêtir la peur

L'anxiété : Dérivé du latin *anxietas*, ce mot signifie une inquiétude intense liée à une situation d'attente, de doute, de solitude et qui fait pressentir des malheurs ou des souffrances graves devant lesquels on se sent impuissant.
Lorsqu'une personne ne parvient plus à maîtriser son anxiété ou que cette anxiété est sans objet, on parle de troubles anxieux.

L'angoisse : Du latin *angustia* qui signifie « resserrer ». Ce mot fait écho à la gorge serrée que peuvent ressentir les personnes angoissées. L'angoisse est un état survenant automatiquement et pouvant aussi bien envahir le psychisme que le physique de la personne. L'angoisse est un mécanisme lié au stress et ne présente normalement aucun problème tant qu'il est maîtrisé et non patho-

logique. En revanche, chez l'enfant, il existe des angoisses plus problématiques telles que l'angoisse de séparation, l'angoisse de mort, etc.

Différence entre angoisse et anxiété : l'anxiété est généralement de moindre intensité et présente une plus grande durée que l'angoisse. L'anxiété se ressent généralement plus souvent mentalement. L'angoisse, faisant partie du mécanisme de stress, peut générer des réactions physiques immédiates.

La panique : Dans la mythologie grecque, Pan était le dieu cornu qui permettait d'alerter les bergers et de faire fuir les loups. Pan apparaissait de manière soudaine, faisant sursauter tout sur son passage avec sa flûte. La panique représente donc une peur incontrôlable et soudaine, souvent dénuée de fondement.

La phobie : Ce mot vient du grec *phobos* et signifie « effroi ». C'est une peur intense, angoissante et obsédante. Elle est tournée vers des choses ou des situations. Cette peur peut survenir en présence de l'objet de la peur ou simplement en l'évoquant.

À présent, demandez-vous si vous ou votre enfant souffrez d'une de ces formes de peur. Discutez-en librement avec lui afin qu'il identifie les manifestations physiques et psychiques de ses peurs.

Si les angoisses et les craintes sont très courantes chez l'enfant, elles sont avant tout une réaction tout à fait normale face au changement. Certaines sources de peur sont innées et communes, comme les bruits forts et soudains, la sensation de tomber, la douleur et même les éclairs et les ombres. Mais l'enfant est amené à connaître tout au long de sa croissance des modifications d'environnement et de vie qui peuvent générer chez lui de nouvelles peurs : changement d'école, décès, divorce, naissance, etc.

Ces angoisses ne sont pas nécessairement nocives pour eux.

Au contraire, elles permettent d'accompagner la structuration de leur personnalité, mais pour que celle-ci s'équilibre au mieux, il nous faut en tant que parents l'aider à l'apprivoiser. En effet, lorsque l'enfant exprime sa peur, il le fait de façon incontrôlée. Il est envahi soudainement. Il est donc important de permettre à l'enfant d'exprimer sa peur et surtout de l'écouter afin de trouver l'origine et de l'aider à composer avec. C'est ainsi que l'enfant s'harmonisera.

Jouer à se faire peur pour développer la confiance

L'émotion de la peur se glisse de manière amusante dans notre quotidien et permet également de nourrir la confiance en nos parents. Tous ces jeux que vous partagez depuis la petite enfance avec vos enfants sont des jeux qui situent la peur, comme cache-cache par exemple, ou 1 2 3 Soleil, ou encore Bateau – Ciseaux, etc.

Si vous observez attentivement votre enfant, vous remarquerez qu'il est traversé aussi bien par l'amusement que par la peur. Mais cette expérience de la peur se fait en présence de personnes en qui il a confiance, cela lui permet également de se sentir suffisamment en sécurité pour interrompre l'expérience et s'apaiser dans vos bras.

On a tous déjà fait sauter en l'air ou dans l'eau nos enfants ; au début, ils nous réclament encore et, au bout d'un certain temps, ils nous demandent d'arrêter. Ces temps de jeu sont des temps propices à l'apprentissage de ses limites, ainsi votre enfant apprend à dire stop ou non et à reprendre quand il s'en sent capable.

Ne jamais minimiser la peur de votre enfant

Ce qu'il ne faut pas dire quand l'enfant a peur : « Mais non, ça ne fait pas peur ! » ou : « Regarde ton frère ou ta sœur, eux sont courageux ! »
Il est important d'accepter les angoisses de son enfant et de ne pas le laisser seul avec ses craintes. Un enfant qui a peur ne devrait jamais ressentir la honte d'avoir peur. Dire à l'enfant que cela n'est rien, qu'il est ridicule ou qu'à son âge ça ne se fait pas, n'aura d'effets positifs ni sur la manière de gérer l'angoisse ni sur son amour-propre.
Au contraire, il se sentira humilié. Cette réaction parentale n'a pas forcément une intentionnalité négative en soi. En fait, le parent veut balayer rapidement l'angoisse de son enfant et souhaite la minimiser.
Pour le parent, c'est justement une façon de ne pas donner corps à cette peur. Mais malheureusement, on envoie ainsi un tout autre message à son enfant. Ce genre de remarque signale à l'enfant qu'il avait tort de ressentir de la peur ou de la confiance en ses propres perceptions.

La peur comme modèle

Parfois, on communique, sans s'en rendre compte, ses propres peurs à l'enfant. On ne peut pas s'en empêcher, elles sont ancrées en nous. Une maman qui a le vertige ne pourra s'empêcher de crier quand elle devra traverser un pont. L'enfant remarque ses angoisses même quand elles ne sont pas exprimées, notre attitude change, qu'on le veuille ou non. Alors que faire ? N'hésitez pas à passer le relais, permettez à votre enfant de faire ses expériences avec quelqu'un qui n'a pas les mêmes craintes que vous. Il est rare que les deux parents aient les mêmes peurs.

L'utilité de la respiration dans la gestion de la peur

L'efficacité d'une respiration lente et profonde n'est plus à prouver, elle a fait ses preuves pour ce qui est de diminuer les symptômes de stress.
C'est un remède simple et précieux pour calmer toute forme d'anxiété.
Lorsque vous modifiez consciemment votre manière de respirer, vous modifiez votre mental. En effet, lorsque nous avons peur, nous respirons spontanément plus rapidement et superficiellement.
Invitez votre enfant à gonfler lentement son ventre comme un ballon, puis à expirer tout aussi lentement, c'est un moyen simple, rapide et efficace pour diminuer sa peur.

BONUS

Visualisation du lieu refuge

Installez-vous confortablement, les yeux fermés pour voir plus nettement en vous, connectez-vous à vos ressentis intérieurs. Portez attention à la respiration, au trajet de l'air, à sa température, aux différences entre l'inspiré et l'expiré. Centrez-vous sur les mouvements du corps qui respire et sur les sensations que cela procure dans votre poitrine, dans votre ventre. Remarquez que, petit à petit, les pensées s'apaisent, défilent comme les nuages dans un beau ciel bleu. Accueillez les émotions et choisissez ici de privilégier les émotions positives de joie et de bonheur pour vous accompagner.

Installez-vous dans votre lieu refuge.

Mentalement, installez-vous sereinement dans cet endroit qui vous est apparu comme une évidence. Visualiser les circonstances, l'environnement, le paysage. Sentez les odeurs, les parfums qui imprègnent le lieu, celui des odeurs ou toute autre odeur agréable à vos narines.

Cette invitation à la sérénité, au calme et à la sécurité deviendra rapidement votre lieu refuge.

Se relâcher grâce au bâillement

Bâiller permet de revenir de façon quasiment instantanée à un état de détente nerveuse. Le bâillement invite au relâchement. Il est possible de s'entraîner pour le provoquer et ainsi bénéficier de ses vertus.

Ouvrez grand la bouche, prenez une grande inspiration suivie d'une pause, puis soufflez rapidement tout en vous étirant de tout votre être.

Accueillez une profonde sensation de détente. Percevez de façon plus fine tout votre corps relâché, agréablement relâché.

Exercice de protection

Posez les mains à plat sur le ventre et portez toute votre attention au niveau de votre plexus solaire. Respirez calmement.

Puis laissez votre imagination créer votre bulle de protection, zone de confort, de quiétude, de sécurité tout autour de vous. Pour certains, cela sera comme une bulle, pour d'autres un œuf, une sphère ou encore une lumière qui vous enveloppe.

Vous pouvez peut-être l'associer à une situation, un lieu de confort, une circonstance agréable et positive.

Laissez se dessiner autour de vous votre bulle de protection. Ressentez l'espace entre vous et

votre bulle, le confort, le bien-être et la sécurité. Une fois totalement apaisé dans votre bulle de protection, inspirez et expirez profondément et quand vous vous sentez suffisamment apaisé, remettez alors votre corps en mouvement lentement et tranquillement.

Voyage intérieur pour votre enfant

En position debout, la tête dans le prolongement du corps. Invitez-le à se concentrer sur les sensations sous ses pieds. Les pieds s'installent dans le sol, largeur du bassin. À présent, proposez-lui de fermer les yeux et lisez ce texte :
Dessine doucement avec ton corps des 8 de gauche à droite, comme une vague que ton corps crée, laisse-le former un 8 de gauche à droite, tout en respirant. Tu vas faire trois beaux 8 avec ton corps, de gauche à droite. Puis trois beaux 8 d'avant en arrière. Et tu reviens à ta position initiale, les pieds dans le sol. Ressens ton point d'équilibre, réajuste-toi au besoin.
Maintenant que tu es solide comme un arbre, imagine que tu prends une douche avec un liquide coloré. Tout d'abord, aide ton corps à déterminer la couleur qui te fait du bien. Puis pose un pommeau imaginaire au-dessus de ta tête. Et commence à te doucher avec cette couleur qui se diffuse dans l'eau qui coule. Tu peux, par exemple, commencer à toucher ta tête comme si tu voulais faire un shampooing avec cette eau colorée qui te fait du bien, tu laisses cette eau couler sur ton crâne, sur ton visage, sur tes épaules, sur tes bras, sur ton plexus solaire, sur ton ventre, sur tes jambes, jusqu'au bout de tes pieds.
Ferme les yeux à présent et imagine cette eau couler partout sur ton corps quelques secondes tout en respirant calmement et tranquillement, ressens quand tu t'apaises comme tes peurs se sont envolées et comme ton corps et ta tête se sentent bien à présent.
Une fois ta douche calmante terminée et au moment où tu te sens le mieux pour pouvoir reprendre tes activités, ouvre alors les yeux.

JE MÉDITE, JE RESPIRE, JE COLORIE

Mettez vos émotions négatives sur pause pendant 15 minutes. Respirez profondément. Coloriez le dessin sans vous presser et en vous appliquant. Petit à petit, vous allez vous détendre et lâcher prise.

Je note mes ressentis

L'animal présenté me fait penser à :

J'ai utilisé les couleurs suivantes :

CHAPITRE 4

La joie

« La joie est en tout, il faut savoir l'extraire. »

Confucius

La joie se manifeste chez l'enfant par une envie de sauter dans tous les sens, il rit aux éclats, il lance des objets en l'air, il s'excite. Totalement tourné vers son plaisir, il exprime sa satisfaction sans mesure. La joie est une émotion qui nous fait ressentir un bonheur intense caractérisé par sa plénitude qui permet de chasser la morosité. Cultivez ensemble l'instant présent. La joie est dans les petits moments de vie aussi, des crêpes préparées avec mamie, une partie de foot avec papa, un câlin de maman, un bol de chocolat chaud le matin. Montrez-lui le chemin de la joie au quotidien en soulignant ces moments uniques.

La joie est l'énergie du bien-être. Elle élève, fait briller les cœurs et illumine notre être tout entier. La joie est ressentie quand nous sommes alignés avec nos valeurs, quand nous pouvons partager et nous réaliser. La joie guérie, fortifie et redonne confiance en soi.

Les déclencheurs de la joie sont le désir, l'anticipation positive, une notion importante en sophrologie, la réussite et le bien-être intérieur.

Elle a pour fonction de générer du plaisir. Elle peut être éphémère ou s'inscrire dans la durée si on la cultive. Elle apporte chaleur et ouverture vers l'autre.

Physiologiquement, elle secrète des endorphines, les hormones du bonheur, et vient donc renforcer notre système immunitaire. Psychologiquement, elle booste notre motivation et permet une mise en action. C'est l'émotion de la réussite et de l'élan.

Malheureusement, la société a tendance à inhiber cette émotion, cela peut amener nos enfants et nous-mêmes à une certaine forme de passivité et un manque de vitalité. Je vous invite grandement à faire fleurir cette émotion dans vos cœurs et celui de vos enfants afin d'adopter un mode de vie plus harmonieux !

Prenez un temps avec votre enfant pour évoquer

Un succès :

Un cadeau :

Un sentiment de communion avec quelqu'un :

Un moment de plaisir dans la nature :

Prenez un temps avec votre enfant pour évoquer

Un instant de joie :

Vous avez retrouvé votre dernier moment de joie ?

Qu'avez-vous ressenti ?

Comment l'avez-vous exprimé ? Avec qui l'avez-vous partagé ?

ZOOM

LES AFFIRMATIONS POSITIVES

Répétez avec votre enfant, le matin, ces affirmations positives afin de les ancrer en vous :
« je suis heureux tout simplement »,
« je suis chanceux d'avoir une famille »,
« j'aime et je suis aimé », « je ressens de la joie et de la satisfaction ici et maintenant », « en me permettant d'être heureux, j'offre de la joie aux gens que j'aime », « je trouve de la joie même dans les plus petites choses de la vie comme le bisou du matin à mes parents »

On essaie ensemble... de faire fleurir chez votre enfant un esprit positif

1 Développez la gratitude et la reconnaissance. La gratitude est une reconnaissance pour une aide ou un service rendu. La bienveillance, c'est vouloir faire du bien aux autres sans rien attendre en retour.

Quels sont les services que vous vous êtes rendus aujourd'hui avec votre enfant ?

- ....
- ....
- ....
- ....
- ....

Notez ce que cela vous a procuré.
Et dites-vous merci.
Ainsi vous développez votre pensée positive ensemble.

....
....
....
....
....

2 Chassez les pensées négatives. Dans une journée, nous sommes tous traversés par des pensées négatives. « Je n'y arriverai jamais », « Je n'ai pas de chance », « Je suis nulle », etc.

Listez tout ce que vous pensez être positif chez votre enfant et demandez-lui de faire la même chose avec vous. Prenez le temps de lire ensemble ces compliments sincères et purs pour chacun.

Je trouve que tu es :

- ....
- ....
- ....
- ....
- ....

3 Souriez à la vie. Chaque jour, ritualisez le passage devant le miroir avec votre enfant. Placez-vous devant, respirez en conscience ensemble tout en faisant un visage normal et souriez. Ce sourire est un instant à lui seul positif et réconfortant. Habiller vos lèvres de joie vous permettra d'aborder avec enthousiasme chaque jour de l'année.

Notez ici vos affirmations positives :

- ....
- ....
- ....
- ....
- ....

On essaie ensemble... de remplir notre réservoir de positif

Comme on remplit le réservoir d'une voiture, on peut remplir son réservoir de positif. Lorsque votre enfant est heureux ou enjoué, invitez-le à prendre le temps de s'en réjouir et d'exprimer avec ses mots ce qu'il vit. Accompagnez ce moment de calme d'une respiration profonde et faites-le visualiser qu'il remplit son réservoir intérieur de tout

ce positif. Ainsi, la prochaine fois qu'il se sentira moins bien, il pourra aller rechercher dans ce même réservoir des souvenirs heureux qui lui donneront tout le carburant nécessaire pour retrouver son énergie.

Pratiquez régulièrement la gratitude et la reconnaissance avec votre enfant en deux étapes

1 Prenez conscience du service que l'on vous a rendu. Il peut s'agir d'un service matériel (cadeau, dessin, prêt, etc.) ou immatériel (soutien moral, mots, écoute, conseil, etc.) et de l'effort qu'il a demandé à la personne.

2 Offrez la reconnaissance de ce bienfait vis-à-vis de la personne ou de la chose.

ZOOM

LA GRATITUDE ET LA BIENVEILLANCE

Notre mental nous pousse à être attentif à notre malheur plutôt qu'à notre bonheur. Le bonheur est pourtant là, juste sous notre nez, et le moyen pour le ressentir pleinement est de développer deux vertus qui favorisent l'ouverture du cœur. La gratitude et la bienveillance. La gratitude est une reconnaissance pour une aide ou un service rendu. La bienveillance, c'est vouloir faire du bien aux autres sans rien attendre en retour, c'est la capacité de prendre en compte les besoins d'autrui sans émettre de jugement négatif.

On essaie ensemble... d'installer la bienveillance dans votre famille. Observez ce qui se passe en vous et chez les autres

Puis posez-vous des questions : « Qu'est-ce qui ne va pas aujourd'hui ? », « Pourquoi as-tu l'impression d'être jugé quand tu entends ça ? » Cette prise de recul permet de nous rendre compte de ce que sont nos points de vue et que chacun est souvent en mesure de rassurer l'autre afin qu'il se sente soutenu.

On essaie ensemble... d'adopter la méthode de répétition d'affirmations positives

Vous pouvez les afficher sur un mur et prendre l'habitude, après quelques respirations communes, de les dire à haute voix avec votre enfant.

Je suis heureux tout simplement.
Je suis chanceux d'avoir une famille.
J'aime et je suis aimé.
Je ressens de la joie et de la satisfaction en ce moment précis.

- ....
- ....
- ....
- ....
- ....
- ....

ZOOM

Il est d'autant plus simple de s'entraîner à la sophrologie quand tout va bien. Plus vous et votre enfant prenez l'habitude de faire les exercices en état de calme, plus il sera facile de les utiliser quand ça ne va pas. Vous pouvez donc vous entraîner le soir dans le lit avant de vous coucher. Mais aussi le matin, dans la voiture, dans le bus pour aller à l'école et à tout moment calme de la journée.

On essaie ensemble... la visualisation de la lumière

Après trois respirations amples et lentes, donnez une couleur à l'instant agréable que vous vivez. Imaginez qu'une lumière bienveillante et agréable entre par le haut de votre tête et vient effacer tout ce qui a pu vous gêner aujourd'hui. Laissez cette sensation de bien-être parcourir votre corps, puis expirez.

BONUS

Associer à la respiration un mot ressource ou une courte phrase

Inspirez avec les mots : calme, santé, amour, paix, sommeil, ou une phrase du type « j'inspire le calme ». Soufflez et laissez diffuser dans votre corps les sentiments, les émotions, les sensations positives de confort, de bien-être, de plénitude que ce mot ou cette phrase génère en vous.

Respirez quelques cycles avec votre mot, votre phrase.

Sentez-vous fort et serein. Vous respirez à présent l'harmonie.

Technique pour se charger de positif

Sur une grande inspiration, mobilisez votre énergie vitale nécessaire pour vivre cette présence du positif durant cet instant.

Puis recherchez un contenu positif dans votre mental, qui symbolise pour vous l'énergie...

Cela peut être un paysage que vous affectionnez tout particulièrement, une personne inspirante de votre entourage ou encore un souvenir personnel.

Enfin, expirez en cherchant à diriger vers chaque partie de votre corps ce positif, et ainsi installez durablement des sensations agréables associées à ce contenu telles que le calme, la paix, l'énergie, le bien-être.

Conseil : Pensez toujours à privilégier une inspiration longue par le nez et une expiration longue par la bouche.

Chaque fois que vous rendez l'inspiration longue, vous vous chargez en conscience, vous permettez alors à cet air de devenir source de vie et d'énergie.

Le bain d'énergie

Prenez quelques respirations pour vous recentrer.

Visualisez devant vous l'énergie positive telle une lumière puissante, belle et lumineuse, elle va vous permettre de passer à l'action. Imaginez sa forme, sa luminosité, son intensité, les sensations qu'elle peut vous procurer lorsque vous la ressentez.

Prenez une inspiration par le nez en levant vos bras à l'horizontale.

Contractez les mains et les doigts en griffes, comme pour agripper cette belle lumière, et ramenez vos mains vers votre poitrine.

En expirant doucement par la bouche, relâcher totalement vos bras.

Tout en relâchant vos bras, diffusez des sensations agréables en vous. Faites cet exercice trois fois d'affilée, et aussi souvent que nécessaire dans votre journée pour enrichir votre bien-être.

JE MÉDITE, JE RESPIRE, JE COLORIE

Mettez vos émotions négatives sur pause pendant 15 minutes. Respirez profondément. Coloriez le dessin sans vous presser et en vous appliquant. Petit à petit, vous allez vous détendre et lâcher prise.

Je note mes ressentis

L'animal présenté me fait penser à :

J'ai utilisé les couleurs suivantes :

CHAPITRE 5

La tristesse

« Les tristesses se dissipent aux rayons de l'amour. »

Félicité de La Mennais

Lorsque votre enfant est triste, il s'isole davantage, il a moins envie de jouer ou, au contraire, il est plus irritable et se dévalorise. La tristesse est l'émotion qui accompagne la perte. Il est donc naturel et nécessaire d'éprouver des moments de tristesse. Il ne faut pas chercher à les faire taire ou passer trop vite cette émotion, au contraire, il faut l'accompagner dans son chagrin pour lui faire comprendre que, grâce à vous et votre confiance, il va trouver les ressources pour le surmonter.

Faites comprendre à votre enfant que vous comprenez sa peine et autorisez-le à pleurer autant qu'il en a besoin. Les larmes vont lui permettre d'extérioriser sa peine, proposez-lui, en même temps qu'il pleure, d'expirer lentement pour qu'il ressente sa peine qui sort. Le corps expulse avec les pleurs les toxines de la peine, la tension artérielle diminue et les muscles se relâchent lorsqu'on respire en pleurant, cela évite également les sanglots puissants.

Prenez-le dans vos bras. Les câlins permettent de calmer votre enfant qui va sécréter de l'ocytocine, l'hormone de l'amour. Cette hormone favorise le retour au calme.

La tristesse est un relâchement, un lâcher-prise émotionnel qui se produit lors d'une perte, un manque, une attente ou un souhait insatisfait.

ZOOM

COMMENT EST TA PEINE ?

La tristesse permet de vivre les situations de perte, c'est un apprentissage.
Elle nous invite à nous retirer de l'action et à réfléchir.
Elle attire l'attention, la sympathie et l'empathie des autres à notre égard.
Elle protège de l'agressivité.

POUR GÉRER LA TRISTESSE, IL EST NÉCESSAIRE DE :

La ressentir, l'accepter et l'exprimer.
Se remettre dans l'action et se redonner du plaisir.
Rencontrer un spécialiste si cela perdure trop longtemps.

Consentir à la tristesse, c'est accepter sa propre vulnérabilité, car la tristesse est le médium de notre transformation nous permettant de grandir. La tristesse se manifeste souvent par des pleurs, car les sensations physiques sont les suivantes : poitrine qui brûle, le cœur est déchiré, la blessure fait hurler. L'émotion ressentie permet une réparation de l'organisme après cette déchirure. La tristesse invite donc au retrait, à l'isolement, et s'accompagne du sentiment de vide. Cette émotion fait baisser le niveau d'énergie et, chez l'enfant parfois, elle peut donner lieu à des insomnies. Les larmes lui permettent tout simplement un soulagement.

On essaie ensemble... différentes techniques pour chasser la tristesse

La respiration doudou est une respiration qui permet de renforcer les liens avec votre enfant et de le rassurer. Proposez-lui de s'installer dans vos bras et respirez ensemble calmement. Votre enfant va naturellement se synchroniser à votre propre respiration pour un agréable moment de symbiose.

Puis invitez-le à fermer les yeux et à imaginer **une merveilleuse fontaine.** Elle a des pouvoirs magiques. Elle permet de nettoyer l'esprit de tout ce qui nous rend tristes. Laissez-le imaginer qu'il se place sous cette grande fontaine et qu'il se lave avec l'eau qui coule. Indiquez-lui qu'il peut imiter ce qu'il fait sous la douche pour se sentir tout propre et bien. Chaque fois qu'il se frotte avec l'eau de la fontaine, il se nettoie d'une contrariété. Puis invitez-le à rouvrir les yeux et à vous dire à présent comment il se sent.

Au revoir les gros nuages. Placez votre enfant debout, indiquez-lui de fermer les yeux et d'imaginer tout autour de lui des gros nuages noirs qui représentent ce qui le rend triste. Dites-lui de prendre de l'air par les narines, de retenir l'air tout en contractant son corps tout entier, puis de relâcher tout son air en direction de ces nuages tout noirs. Invitez-le à recommencer autant de fois que nécessaire jusqu'à ce que la tristesse ait disparu.

La boule de tristesse. Proposez à votre enfant de représenter en dessin ce qui le rend triste, puis de former une boule de papier avec ce même dessin. Ensuite, invitez-le à fermer les yeux, à inspirer et à penser très fort à ce dessin, à ce qu'il représente pour lui, et indiquez-lui qu'il peut évacuer sa tristesse en mettant cette boule le plus loin possible. Puis échangez ensemble calmement sur ce qu'il vient de vivre.

Le sac de tristesse. Lorsque votre enfant est triste, proposez-lui en votre présence de prendre un sac qui servira de contenant de la tristesse. Invitez-le à le remplir de tous ses soucis, autant qu'il le souhaite, tout ce qui le rend triste, qu'il prenne son temps pour le faire, puis après une belle respiration, il fermera ce sac avec un nœud bien serré que vous l'aiderez à faire afin que cette tristesse ne vienne plus jamais l'ennuyer.

Remplis ton bol de positif. Afin de libérer votre enfant de la tristesse, invitez-le à imaginer un bol qui représentera sa tristesse avec une couleur et proposez-lui de le remplir de céréales de bonheur ; chaque céréale doit représenter un moment heureux qu'il a vécu, un câlin, une promenade, un nouvel ami, tout ce qui évoque pour lui le positif. Puis, au fur et à mesure que son bol se remplit avec ces céréales magiques, son bol de tristesse change de couleur et devient un peu plus chaud. Agréablement chaud. Indiquez-lui alors que la tristesse est passée et qu'il est l'heure de déguster de nouveaux moments de bonheur !

Notez ici vos ressentis

Pour amorcer le dialogue avec votre enfant, n'hésitez pas à utiliser un objet de réassurance qui permettra de créer du lien avec lui. Par exemple, faites parler son doudou préféré. Cela va permettre à votre enfant de prendre du recul et de dédramatiser. Une astuce ludique pour créer un dialogue au milieu de ce chagrin.

BONUS

La technique de déplacement du négatif

Cette sophronisation permet de prendre conscience de sa capacité à évacuer le négatif. Vous allez donc éliminer les tensions corporelles, mentales et/ou émotionnelles par des contractions/relâchements.

L'IRTER est une technique de respiration utilisée en sophrologie qui se découpe comme ceci : Inspiration – Rétention d'air – Tension (légère contraction musculaire) – Expiration – Relâchement du corps.

Voici donc la technique d'expulsion du négatif
- IRTER globale du corps
- 3 IRTER du visage
- 3 IRTER du segment cou / épaule / bras / mains
- 3 IRTER du segment dos / ventre
- 3 IRTER du segment bassin / fessier
- 3 IRTER du segment jambes / pieds
- Et enfin un dernier IRTER global

Pensez bien à l'expiration et à émettre l'intention de relâcher le corps des tensions accumulées.

Dépoussiérage complet du corps

Avec les mains, les doigts, balayez successivement les parties du corps comme si vous vouliez enlever des poussières collées. Insistez sur les zones qui en ont le plus besoin. Visualisez ainsi vos tensions tombées à terre puis, balayées par une douce brise, elles se sont évaporées.
Pour finir, croisez les mains derrière la nuque, en appuyant sur les talons, dos contre le dossier de la chaise. Inspirez, contractez tous les muscles, puis soufflez et détendez le corps tout entier.
Prenez un temps pour accueillir les sensations du corps détendu. Mesurez la distance que vous venez de prendre entre vous et vos pensées négatives.

JE MÉDITE, JE RESPIRE, JE COLORIE

Mettez vos émotions négatives sur pause pendant 15 minutes. Respirez profondément. Coloriez le dessin sans vous presser et en vous appliquant. Petit à petit, vous allez vous détendre et lâcher prise.

Je note mes ressentis

L'animal présenté me fait penser à :

J'ai utilisé les couleurs suivantes :

CHAPITRE 6

Le stress

« Ne vous découragez pas, c'est souvent la dernière clé du trousseau qui ouvre la porte. »

Paulo Coelho

De petits stress répétés, des problèmes familiaux et l'école sont autant de sources de stress pour les enfants. De ces petits chamboulements naissent de grandes perturbations qui viennent déranger l'équilibre quotidien. La meilleure manière d'accompagner un enfant stressé sera de lui montrer le chemin. Plus vous-même serez détendu, plus il sera serein. Ensemble, mettez en pratique les exercices de sophrologie pour en ressentir en famille les bienfaits.

Le stress est une réaction physiologique normale de l'organisme pour s'adapter à différentes situations rencontrées au cours de la vie. Votre enfant peut connaître un épisode de stress face à un changement soudain, mais il peut également connaître ce qu'on appelle un stress chronique si ces changements se répètent souvent et qu'il s'y adapte mal. C'est là que l'anxiété peut s'installer.

Lui permettre de réguler son niveau de stress face au changement est la clé pour lui épargner cet état. La respiration et la relaxation que l'on utilise en sophrologie calment le mental et permettent de réguler ces symptômes pour retrouver équilibre et sérénité rapidement.

ZOOM

LES 3 PROFILS DE STRESSÉS

Profil A : c'est le battant, toujours sur les nerfs, plutôt extraverti. Il extériorise son stress à coups de colère. En compétition permanente avec son entourage et très impatient.

Profil B : introverti, habité par le doute, peu sûr de lui, il n'exprime pas ses émotions. Il rumine et intériorise ses difficultés.

Profil C : réaliste, positif et bien dans sa peau. Il réagit avec calme, assurance et confiance face aux situations même inattendues. Ce profil est celui qui connaît la meilleure gestion émotionnelle.

Maintenant que vous avez observé ces trois profils, prenez le temps de déterminer lequel correspond à votre enfant et à vous-même.

Comment la respiration peut changer l'état émotionnel de votre enfant

1 Apprenez-lui à jouer avec son expiration. Une expiration douce et qui symbolisera le vent calme d'une brise, tandis qu'un souffle fort et long celle d'un ouragan. Pour calmer l'ouragan, il faudra donc adapter ensemble votre expiration en la rendant la plus lente et douce possible.

2 Relaxe, je mâche. Proposez à votre enfant d'imaginer qu'il mâche un énorme chewing-gum. Il va certainement ouvrir la bouche en grand et faire des grimaces. Maintenant, dites-lui que le chewing-gum s'est collé sur son front, ses yeux, ses joues, sa mâchoire, et qu'il doit essayer de le décoller tout en douceur sans les mains. Il va ainsi détendre chaque partie de son visage tout en s'amusant. Moments de complicité et de lâcher-prise assurés !

3 Évaluez ensemble la situation. De 1 à 10, à combien estime-t-il son stress ? Trouvez ensemble une phrase positive pour évoquer le problème.
Par exemple : « Même si je suis inquiet pour ma dictée, je me fais confiance et je vais y arriver. » Ou encore : « Même si j'ai mal au ventre, je sais que je suis fort, je vais prendre le temps de respirer et je vais y arriver. » Répétez ensemble cette phrase tout en respirant calmement et en fermant les yeux. Relâchez les épaules à l'expiration. Une fois l'exercice fait, réévaluez la situation ensemble.

JE MÉDITE, JE RESPIRE, JE COLORIE

Mettez vos émotions négatives sur pause pendant 15 minutes. Respirez profondément. Coloriez le dessin sans vous presser et en vous appliquant. Petit à petit, vous allez vous détendre et lâcher prise.

JE MÉDITE, JE RESPIRE, JE COLORIE

Je note mes ressentis

L'animal présenté me fait penser à :

J'ai utilisé les couleurs suivantes :

CHAPITRE 7

La concentration

« Concentre-toi
sur les solutions,
pas sur
les erreurs. »

Jack Nicklaus

Votre enfant a du mal à terminer ce qu'il a commencé, il vous semble moins rapide, il n'écoute pas jusqu'au bout et le moindre bruit le distrait. Il manque peut-être d'un peu de concentration. La concentration est la capacité à se consacrer à une tâche en faisant abstraction de son environnement. C'est une compétence qui se développe.

L'enfant va progressivement apprendre à mobiliser son attention avec l'âge. Il n'est pas possible pour un enfant de 3 ans de fournir le même effort de concentration qu'un enfant de 8 ans. C'est autour de 10 ans que l'enfant parvient à mieux filtrer ce qui le distrait.

Toutefois, avant, vous pouvez l'aider à être plus centré et présent à lui comme au monde qui l'entoure grâce à la sophrologie.

Le manque de concentration n'est pas un manque d'intelligence !

Un enfant qui a des difficultés à se concentrer n'est pas un enfant « bête ». Il est important que parents et enfants fassent la distinction.

Pour vous aider et l'aider :

1. Valorisez l'effort et le travail
2. Ne faites pas à sa place
3. Évitez les comparaisons

ZOOM

TEMPS DE CONCENTRATION PAR TRANCHE D'ÂGE

10 minutes entre 2 et 4 ans
15 minutes entre 5 et 6 ans
20 minutes entre 6 et 10 ans
30 minutes à 10 ans
40 minutes à partir de 11 ans
Servez-vous de ce repère pour la durée des activités que vous lui proposez, y compris la sophrologie.

Mais alors, comment éveiller en lui cette capacité ? Demandez-vous d'abord s'il a une concentration plutôt auditive ou visuelle. Chaque enfant a une forme de concentration qui lui convient mieux qu'une autre. L'avantage de la sophrologie, c'est qu'elle met en jeu les deux, lui permettant de gagner en adaptabilité. En effet, durant les exercices, il sera amené à écouter votre voix et, par le biais de la visualisation, à imaginer et donc à voir.

1 Proposez-lui, après 3 respirations profondes, de fermer les yeux et de visualiser un fruit de son choix. Il doit l'observer dans les moindres détails et vous le décrire. La forme, la couleur, la texture et son odeur. Il peut tourner le fruit pour mieux l'observer et même le goûter pour mieux en percevoir la saveur. Cette technique lui permet de mettre en jeu ses cinq sens, très utiles pour rester concentré.

2 Utilisez la visualisation positive. Pour aider votre enfant à se concentrer, vous pouvez l'inviter à faire une visualisation de lui-même en train de travailler. Dans une position confortable, il va fermer les yeux, puis se voir tranquillement installé à son bureau d'école et faisant un contrôle. Orientez-le en suggérant qu'il se sent calme et bien concentré... Rien ne le distrait. Laissez-le s'observer avec bienveillance quelques secondes. Puis indiquez-lui d'ouvrir les yeux. Cette anticipation positive du futur lui permettra de se sentir plus à l'aise au moment voulu.

3 La respiration du ballon. Invitez votre enfant à s'allonger sur le dos et à positionner ses mains sur son ventre. Demandez-lui d'inspirer en gonflant son ventre, puis d'expirer doucement en appuyant légèrement avec ses mains sur son ventre pour faire dégonfler le ballon. Cette respiration contribue à la détente, au bien-être et à la concentration.

4 La respiration de la paille. Demandez à votre enfant de fermer les yeux et d'imaginer qu'il tient une paille près de sa bouche. Il inspire, puis il expire lentement un filet d'air par la bouche en serrant doucement les lèvres, comme s'il soufflait dans la paille. L'expiration doit être plus la plus longue possible.

5 La respiration au carré. Proposez à votre enfant de dessiner un carré sur une feuille. Puis il pose son doigt sur l'angle, en bas à gauche du carré, et il suit le premier côté du carré vers le haut en inspirant, il parcourt le côté horizontal en haut en gardant les poumons pleins et en suspendant son souffle, il descend le troisième côté vertical en expirant, puis il suit le quatrième côté en bas pour revenir au point de départ, poumons vides en suspendant son souffle.

JE MÉDITE, JE RESPIRE, JE COLORIE, JE MÉDITE, JE RESPIRE, JE COLORIE

Mettez vos émotions négatives sur pause pendant 15 minutes. Respirez profondément. Coloriez le dessin sans vous presser et en vous appliquant. Petit à petit, vous allez vous détendre et lâcher prise.

Je note mes ressentis

L'animal présenté me fait penser à :

J'ai utilisé les couleurs suivantes :

CHAPITRE 8

La confiance en soi

*« Notre peur la plus profonde n'est pas
que nous ne soyons pas à la hauteur.
Notre peur la plus profonde est que nous sommes
puissants au-delà de toute limite.
C'est notre propre lumière et non pas notre
obscurité qui nous effraie le plus.
Nous nous posons la question : qui suis-je,
moi, pour être brillant, radieux,
talentueux et merveilleux ? En fait,
qui êtes-vous pour ne pas l'être ? »*

Nelson Mandela

Votre enfant n'ose pas faire les choses seul et manque d'initiative ? Il recherche l'approbation des adultes, et surtout de ses parents, et il se dévalorise ou se décourage facilement ? Cela peut être le signe d'un manque de confiance en lui.
Le sentiment de confiance, c'est croire en ses capacités de réussir. Pour avoir une bonne estime de soi, c'est-à-dire savoir reconnaître ses forces et ses limites, il faut d'abord avoir une bonne confiance en soi. C'est ainsi que l'on est en mesure de s'accepter tel que l'on est.
Parfois s'il hésite, s'il n'ose pas se lancer ou s'il a peur de se tromper, pas besoin de le précipiter. Prenez le temps. Proposez-lui de s'étirer, de se mettre sur ses deux jambes et de tendre les bras vers le ciel, afin qu'il s'imagine grand et solide comme un arbre. Demandez-lui ce qu'il ressent quand il s'imagine ainsi.
Quand il doute de lui, faites-lui repenser à toutes ses réussites, elles sont toutes importantes ! Écrire son prénom sans faute, colorier sans dépasser, compter jusqu'à 30, faire du vélo, s'habiller seul. Tout cela lui a demandé plus ou moins de temps, mais il a réussi et vous avez toujours été fier de lui.

ZOOM

LES 3 BESOINS DE L'ENFANT

1. Le respect
2. La motivation
3. L'intérêt

Et 3 éléments peuvent le motiver : le plaisir, la reconnaissance et la récompense. Sachez que les phrases valorisantes auront le même effet qu'une récompense matérielle et le motiveront tout autant.

On essaie ensemble... l'arbre enraciné

Cet exercice permet de se sentir ancré. Les yeux fermés, demandez à votre enfant de se concentrer sur son ventre, ce sera le point de départ des racines de son arbre. Laissez-le imaginer des racines qui poussent le long de ses jambes, de ses pieds et s'enfoncent dans le sol. Il se sent stable, fort et confiant. Demandez-lui à présent de déposer dans son cœur cette intention : je suis en sécurité ici et maintenant et je me sens fort pour passer une belle journée. Puis laissez-le ouvrir les yeux.

Enfin n'oubliez pas, lorsque votre enfant parvient à mieux gérer ses angoisses, de le féliciter ! Rappelez-lui comment il a vaincu ses peurs passées afin de l'aider à surmonter celle qu'il éprouve actuellement et lui donner confiance en lui.

Faire confiance à un enfant, c'est accepter qu'il puisse se tromper et qu'il commette des erreurs. Cela fait partie de l'apprentissage. Plus que les résultats, valorisez les efforts et le travail. Les encouragements insufflent force et confiance en soi. Ils aident votre enfant à garder une bonne image de lui-même et l'encouragent à poursuivre ses efforts.

JE MÉDITE, JE RESPIRE, JE COLORIE

Mettez vos émotions négatives sur pause pendant 15 minutes. Respirez profondément. Coloriez le dessin sans vous presser et en vous appliquant. Petit à petit, vous allez vous détendre et lâcher prise.

Je note mes ressentis

L'animal présenté me fait penser à :

J'ai utilisé les couleurs suivantes :

CHAPITRE 9

La sérénité

« La sérénité est une conquête. »

André Maurois

Le contraire de la sérénité est l'anxiété. Un enfant trop prudent, qui s'interdit certaines expériences et a des réactions de peur exagérées, peut laisser penser qu'il manque de sérénité face aux événements.
La sérénité se traduit par un sentiment de calme intérieur et d'apaisement. Cultiver sa sérénité, c'est cultiver son bien-être et son harmonie. Telles une paix intérieure, les pensées sont maîtrisées et permettent de connaître un état positif permanent.
Il est essentiel que vous appreniez à votre enfant, dès le plus jeune âge, à prendre conscience des tensions dans son corps et à se focaliser sur ses ressentis, à se détendre. La pratique régulière de la sophrologie conduit à une réduction progressive du niveau de stress, à une amélioration de sa capacité d'attention et donc à une augmentation de sa sérénité.

ZOOM

LES ENFANTS, CONTRAIREMENT AUX ADULTES, ONT BESOIN DE MOUVEMENT

Ils sont donc tout à fait en mesure de se détendre tout en marchant. Plusieurs études ont démontré qu'une connexion à la nature régulière permet un meilleur lâcher-prise.
Abandonnez autant que vous le pouvez la voiture pour prendre le temps de marcher et de vous imprégner, tout en respirant, des couleurs, des odeurs et des paysages qui vous entourent. Que ce soit à la campagne ou dans un parc, l'important est de prendre le temps de s'apaiser ensemble.

On essaie ensemble...

Aménagez-lui un lieu refuge. Lorsqu'il est fatigué, contrarié ou angoissé, ce lieu lui permettra de se ressourcer et de s'apaiser. Quelques coussins, un plaid épais, une peluche et quelques objets anti-stress à manipuler peuvent suffire à l'apaiser.

N'hésitez pas à pratiquer une activité physique en famille, vous renforcerez les liens familiaux et diminuerez vos tensions. Évacuer chez l'enfant passe par le mouvement. L'émotion est toujours en premier un mouvement du corps, alors autant qu'il soit ressenti positivement dans un instant de partage.

On essaie ensemble...

1 Vous sentez une turbulence et l'envie de crier s'intensifie ? Isolez-vous pendant quelques instants, 2 minutes peuvent suffire, et connectez-vous à vos sensations corporelles. Prenez le temps de vous asseoir en silence et de ressentir vos points d'appui, et l'air qui entre et sort de votre corps. Plus votre enfant vous verra utiliser ces méthodes, plus il aura à son tour envie de les pratiquer, ainsi c'est toute la famille qui travaillera sa zen attitude.

2 Mettez en place un rituel du matin et du soir. Afin de bien commencer et terminer tous ensemble la journée sur une note positive, prenez le temps de vous étirer pour éveiller votre corps ou au contraire le relâcher. Offrez-vous un câlin en famille, prenez le temps d'énumérer 3 beaux moments vécus aujourd'hui et proposez-lui de vous en citer également. Cultivez en famille la pensée positive.

3 Le rire libère les tensions secrètes de la sérotonine, relâche le diaphragme, muscle de nos émotions, et procure une sensation de bien-être général. Alors ne vous privez pas d'une partie de chatouille en famille.

JE MÉDITE, JE RESPIRE, JE COLORIE

Mettez vos émotions négatives sur pause pendant 15 minutes. Respirez profondément. Coloriez le dessin sans vous presser et en vous appliquant. Petit à petit, vous allez vous détendre et lâcher prise.

Je note mes ressentis

L'animal présenté me fait penser à :

J'ai utilisé les couleurs suivantes :

CHAPITRE 10

10 exercices pour s’harmoniser en famille

Comme nous l'avons vu tout au long de ce livre, les émotions traduisent un chamboulement intérieur. Cependant, grâce à la sophrologie, nous pouvons limiter les effets néfastes qu'elles amènent parfois. La sophrologie doit avant tout être une activité de plaisir, qui apporte le bien-être. Rappelez toujours à votre enfant que, grâce à l'utilisation de la sophrologie, il s'offre un véritable cadeau, une boîte à outils facile pour s'apaiser. Aidez-le dans le quotidien en étant attentif à ce qu'il ressent, mais aidez-vous également en étant attentif à vous-même. Vous favoriserez ainsi un climat de communication bienveillante lors des moments difficiles.

Légitimez ses sentiments et vos sentiments. Et lorsque vous le trouvez perdu dans ce chamboulement, harmonisez-le en lui disant : « Je comprends que cette situation te met en colère, on va trouver une solution ensemble. » Apprendre à gérer ses émotions est un travail de toute une vie, mais c'est une chance de pouvoir commencer ce cheminement dès le plus jeune âge.

Voici donc, à vous offrir à l'un comme à l'autre, 10 exercices pour vous harmoniser

1 LA RESPIRATION PROFONDE

Chaque fois que vous êtes ébranlé par une émotion, vous vous décentrez. Cette respiration va vous permettre de vous réaligner en favorisant une plus grande confiance en vous et en votre axe. J'inspire par le nez et je porte mon attention sur le haut du crâne. J'expire par le nez et je porte mon attention sur mon ventre ou sur la plante de mes pieds. J'effectue cette respiration avec la conscience du corps autant de fois que nécessaire pour revenir dans mon axe.

2 LE DIAMANT INTÉRIEUR

Commencez par 3 respirations profondes. Mettez tout votre poids du corps sur vos pieds et installez vos racines comme si vous étiez un chêne solide.

Mettez votre main sous votre nombril, exercez une légère pression comme pour installer un diamant à l'intérieur de vous. Laissez-le rayonner en vous et en lui.

3 LA MÉTÉO ÉMOTIONNELLE

L'humeur est liée aux émotions, mais s'en distingue par la durée. Les émotions vont et viennent très rapidement alors que l'humeur aura tendance à durer des heures, voire des jours. On se lève le matin de bonne

ou de mauvaise humeur, sans savoir pourquoi parfois. Amusez-vous le matin à prendre la météo de votre famille. Utilisez, si votre enfant est jeune, le climat pour mettre des mots sur l'humeur : « Je me sens bien comme un soleil, ou triste comme la pluie, etc. »

4 ÊTRE EN PAIX

Choisissez une émotion en rapport avec une situation qui provoque chez vous et votre enfant de l'inconfort, de la gêne, de la peur, de la tristesse ou de la colère. Puis fermez les yeux, laissez-vous ressentir ce qui se passe dans vos corps respectifs. Laissez votre respiration s'amplifier. Laissez-vous ressentir les changements dans vos corps. Puis repérez ce qui a changé au niveau de vos pensées et remerciez-vous d'avoir pris ce temps ensemble pour installer la paix.

5 PRENDRE RENDEZ-VOUS AVEC VOUS-MÊME

Prenez et aidez votre enfant à prendre conscience de l'émotion que vous vivez et à y mettre des mots : « Je sens une boule dans la gorge », « Mon cœur bat plus vite », « Je me sens rouge de colère », etc. Puis concentrez-vous à nouveau sur votre respiration, laissez la vague de l'émotion redescendre... Demandez-vous ensuite comment vous vous sentez maintenant ?

6 SAVOIR DIRE CE QUI S'EST PASSÉ

La dernière phase du processus des émotions est la capacité de dire ce qui s'est passé en termes émotionnels : « J'ai eu peur », « Je suis en colère », etc. L'exprimer pour soi est une première étape, savoir l'exprimer pour les autres est une information précieuse qui favorise la communication.

7 RETROUVER SA LIBERTÉ ÉMOTIONNELLE

Y a-t-il une émotion qui vous est plus familière qu'une autre ? Ou, au contraire, une ou plusieurs émotions que vous ne vous autorisez pas ?
Comment votre entourage réagissait-il quand, enfant, vous manifestiez de la colère, de la tristesse, de la peur ou de la joie ? Et vos

parents, quelles émotions exprimaient-ils ? Avez-vous eu envie de copier ce modèle ou au contraire de faire autrement ?
Enfin, quelle permission pouvez-vous aujourd'hui vous donner pour retrouver votre liberté émotionnelle ?

8 PETIT JEU DE FAMILLE

Suggérez, au cours du repas, des images comme être mou comme une guimauve, fatigué comme un escargot, heureux comme un chat, léger comme une plume, triste comme une tortue dans sa carapace, etc. Demandez à chacun des membres de la famille d'en choisir une et de dire ce qu'il ressent et pourquoi il a choisi cette image.

9 LA BOÎTE À ÉMOTIONS

Pour être conscient de ce que vous êtes, et pas de ce que vous faites.
Placez une boîte à chaussures dans un endroit de passage pour votre famille, qui servira de boîte aux lettres émotionnelle. Chaque membre de la famille y déposera ses humeurs, ses envies ou ses besoins sous forme d'écrits ou de dessins. Profitez ensuite du week-end pour ouvrir ensemble la boîte aux lettres et échanger sur les sentiments de chacun.

10 APPRENDRE À EXPRIMER SES ÉMOTIONS GRÂCE À L'ART

Parfois, on ressent des émotions qui nous bloquent et on ne sait pas d'où cela provient ni comment s'en débarrasser. Cela peut être des petits moments de tristesse, du découragement, de la fatigue ou une impression simplement d'être perdu... Vos enfants également ressentent ces différents états émotionnels.
Le fait de se concentrer sur une pratique créative aide le mental et le physique à se relâcher ; l'esprit est ainsi occupé à une tâche, ce qui permet de se recentrer rapidement.
Cet outil, je l'utilise à chaque début de consultation chez les tout-petits.
L'enfant arrivant avec son bagage émotionnel, il lui faut retrouver rapidement le calme pour que l'on puisse travailler ensemble. De mon côté, j'ai besoin de cerner dans quel état d'esprit il est.
L'art est une véritable porte d'entrée vers son monde intérieur.
Et quel plaisir d'observer, en quelques minutes d'expression créative, votre enfant sortir d'un état négatif et retrouver presque instantanément de l'énergie et de l'harmonie !

Je vous propose donc deux types d'activités :

La première est une activité dite inconsciente, dans le sens où il n'y a aucune structure dans ce que votre enfant va faire sur le support, vous allez le laisser totalement libre de ses émotions, idées et pensées, sans suivre aucune règle précise. Cette activité est extrêmement utile quand son unique besoin est de se lâcher et de se relâcher.

Le second type d'activité sera une activité créative, dite consciente. Vous allez donc diriger sa pensée vers l'objectif souhaité. Mieux comprendre ses émotions ou encore diriger sa pensée vers quelque chose de plus positif.

Les activités inconscientes

Le gribouillage est une activité idéale pour lâcher prise sans se faire des nœuds à la tête. Votre enfant va penser à autre chose et laisser sa main se déplacer sur une feuille de papier. Il va ainsi lâcher prise inconsciemment et s'autoriser consciemment à mal faire. Cette activité est idéale après une sortie d'école difficile, par exemple.

ACTIVITÉ 1

Sur une feuille du format que vous souhaitez, indiquez-lui qu'il peut gribouiller tout ce qu'il veut, comme il le veut, avec les couleurs de crayons de couleur qu'il veut, tout en lui indiquant que tout ce qu'il souhaite gribouiller doit se faire uniquement sur la feuille. Il peut refaire plusieurs fois d'affilée cet exercice, sur le même papier ou sur plusieurs feuilles, jusqu'à ce qu'il ressente le calme intérieur.

ACTIVITÉ 2

Proposez-lui de dessiner différentes formes, de façon spontanée, sur toute la feuille. Par exemple, uniquement des fleurs ou des cœurs ou des maisons. Il doit répéter autant qu'il le souhaite ce motif sur la feuille ; si un motif lui vient à l'esprit, laissez-le le représenter. Laissez son imagination guider son crayon et laissez-le se laisser aller totalement à ses envies.

ACTIVITÉ 3

Avec de la peinture aux couleurs de son choix, proposez-lui de superposer des couleurs sans réfléchir. Il doit recouvrir l'intégralité de la feuille ou du support avec une ou plusieurs couleurs de son choix. Plus la feuille a un grand format, plus c'est agréable.

Les activités conscientes

ACTIVITÉ 1

Créer à l'air libre : proposez à votre enfant de pratiquer de la peinture ou du dessin dans un jardin, une terrasse ou un parc. Un endroit qui lui permettra de se connecter à la nature et de se laisser aller vers la sérénité.

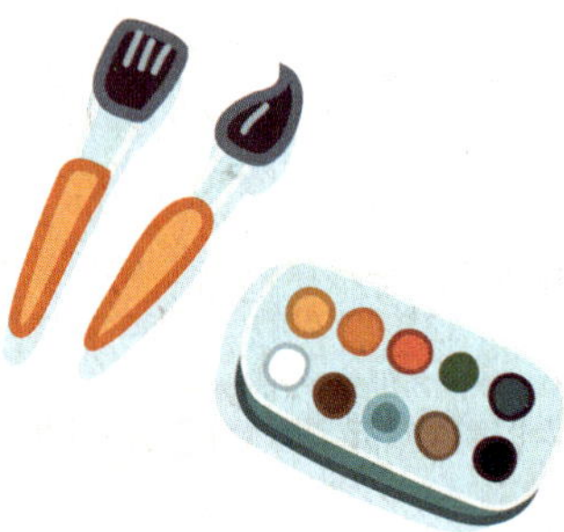

ACTIVITÉ 2

Créer avec la nature : partez en promenade et ramassez ensemble tout ce qu'il trouve beau, fleurs, feuilles, coquillages, écorces, puis en rentrant créez quelque chose dont il sera fier.

ACTIVITÉ 3

Peindre avec les pieds : c'est très amusant pour un enfant de créer avec autre chose que ses doigts, c'est un vrai défi également, pour autant cela amène énormément de joie !

ACTIVITÉ 4

Réalisez un mandala géant où toute la famille peut participer, tout le monde profitera alors du processus de création.

BONUS

Aromathérapie
Un petit coup de pouce naturel pour aider votre enfant à mieux vivre ses émotions

L'aromathérapie est la thérapie par les huiles essentielles. Le terme aromathérapie à deux racines : *aroma*, qui signifie en latin « arôme, odeur agréable de certaines essences » et *therapeia* qui vient du grec et qui veut dire « soin, cure ».

Nous pouvons donc traduire aisément l'aromathérapie comme l'utilisation des huiles essentielles pour notre santé.

Elles sont extraites par distillation à partir de racines, de graines, de feuilles, de fleurs, d'écorces ou encore de fruits.

Elles peuvent être une aide précieuse pour venir à la rescousse des problématiques émotionnelles rencontrées par nous ou nos enfants. Mais attention, elles ne doivent pas être utilisées sans avis médical sur les femmes enceintes et allaitantes et les enfants en dessous de 7 ans.

Néanmoins, même après avis d'un spécialiste, je vous invite toujours à faire un test de sensibilité au préalable.

Pour cela, appliquez une à deux gouttes d'huile essentielle au pli du coude, attendez

20 minutes pour voir si cela provoque une éventuelle réaction. N'hésitez pas à prolonger le test sur 24 heures si vous ou votre enfant avez tendance à être allergiques. Enfin, lavez-vous toujours bien les mains après l'usage d'huiles essentielles.

Astuce pour calmer l'agitation ou la colère chez l'enfant

Ce mélange est à appliquer localement sur le poignet ou sur la plante des pieds.

Mélangez 1 goutte d'huile essentielle de mandarine verte à 5 gouttes d'huile végétale de sésame.

Vous pouvez répéter l'opération jusqu'à 4 fois par jour durant 3 jours.

Attention ! L'huile de mandarine est photosensibilisante, évitez toute exposition au soleil des zones d'application durant les six heures qui suivent.

La mandarine verte a des vertus apaisantes.

Stick pour les hyperémotifs

Dans un stick inhalateur, déposez 5 gouttes d'huile essentielle d'Ylang-Ylang, 5 gouttes d'huile essentielle de camomille romaine, 10 gouttes d'huile essentielle de marjolaine à coquilles et 10 gouttes de laurier noble. Respirez dès qu'une émotion vous gêne.
L'Ylang-Ylang favorise le lâcher-prise et le relâchement.

Optimiser la concentration

Déposez trois gouttes d'huile essentielle de citron jaune et trois gouttes de lavande officinale dans un diffuseur. Laissez se diffuser dans la pièce où vous êtes pendant 10 minutes afin que votre enfant se concentre. À utiliser jusqu'à 3 fois par jour.

Traverser ses peurs

Hydrolats aromatiques de fleur d'oranger : 3 pulvérisations.
Pulvérisez sur un tissu 3 pulvérisations d'hydrolat de fleur d'oranger et faites-lui respirer. La fleur d'oranger est un antistress qui favorise la détente chez l'enfant.

Roll-on sérénité

Mélangez dans un roll-on 10 ml d'huile végétale de sésame ou d'abricot et 30 gouttes d'huile essentielle de Néroli bigarade.
Massez les poignets et le plexus avec quelques tours de roll-on trois fois par jour, pendant quelques jours, avant un événement stressant.
L'huile essentielle de Néroli est l'huile essentielle de la sérénité, elle permet d'affronter avec plus de recul les difficultés rencontrées.

BONUS

Exercices pour se faire du bien au quotidien

LA LISTE DE MES ÉMOTIONS

Afin de faire le point sur vos émotions, vous pouvez créer un tableau des émotions sur deux semaines afin de noter chaque jour les émotions qui vous ont traversé dans la journée.
Si vous n'arrivez pas à les identifier, n'hésitez pas à décrire leurs manifestations physiques. Cœur qui palpite, boule au ventre, sourire aux lèvres, etc.
Faites le point chaque semaine, quelles sont les émotions que vous ressentez le plus ? Celles que vous ressentez peu ?
Ce tableau va vous permettre de mieux vous comprendre et de partir à la recherche de votre joie, ou pourquoi pas de ce qui génère en vous de la colère, et ainsi de mieux la gérer.

LE CARNET DE GRATITUDE

Développer la gratitude au quotidien est une question d'entraînement. N'hésitez donc pas à tenir un carnet que vous pouvez remplir chaque soir, une fois la journée achevée, et avant de vous coucher pour finir votre journée sur une note positive.
Vous pouvez y noter un des meilleurs moments de votre journée ou faire un Top 3.
Voici quelques idées : La bonne surprise du jour, la bonne action du jour, le sourire du jour, le succès du jour, la citation du jour ou tout simplement merci à... pour...
N'oubliez pas qu'il est possible de remercier tout, même la vie simplement.
L'important est la régularité dans cette pratique, afin d'habituer votre mental à tourner son regard vers le positif.

Mettez vos émotions négatives sur pause pendant 15 minutes. Respirez profondément. Coloriez le dessin sans vous presser et en vous appliquant. Petit à petit, vous allez vous détendre et lâcher prise.

Je note mes ressentis

L'animal présenté me fait penser à :

J'ai utilisé les couleurs suivantes :

BONUS

Petit conte sophrologique

Quand Petit Nuage décide de croire en lui

Ce conte sophrologique s'adresse à tous les enfants qui rencontrent des difficultés dans l'acquisition de la propreté. C'est une étape redoutée, mais importante, dans le développement de l'enfant. Plus largement, ce conte peut s'adresser à tous les enfants qui rencontrent des difficultés ou qui doutent d'eux. L'idée est de travailler sur le dépassement de soi et d'acquérir plus de confiance. Installez-vous au calme ensemble et laissez-vous guider dans une écoute harmonieuse avec votre enfant.

Tout en haut dans le ciel, il existe des familles entières de petits nuages.
Chaque famille a son utilité et s'occupe d'un lieu plus ou moins grand, car il y a toutes sortes de nuages, des grands nuages, des moyens nuages et des petits nuages.
Aucun ne se ressemble vraiment, mais tous sont là pour aider les plantes, les arbres, les fruits, les légumes et les fleurs à pousser comme il se doit.
Dans la famille Nuage Doux, on s'occupe ensemble du village de Bellefleur. Le jardin de Monsieur Pierre est le plus beau du village.
À Bellefleur, la réputation de son jardin n'est plus à faire, il est magnifique et il connaît un grand succès à travers le monde entier.
Chaque année, on attend le printemps pour voir les premières roses sortir de son jardin.

Mais depuis quelques jours, Monsieur Pierre rencontre un petit problème. En effet, son jardin n'est plus arrosé par la pluie comme il le faudrait et ses rosiers commencent à souffrir de ce manque d'eau.
À ton avis, pourquoi Monsieur Pierre ne reçoit-il plus une goutte de pluie de la part de la famille Nuage Doux ?
Installe-toi confortablement, respire doucement, relâche ta mâchoire, puis tout ton corps, et ferme les yeux tout en continuant ta respiration lente et douce, car je t'emmène avec moi découvrir l'histoire de la famille Nuage Doux.

Dans la famille Nuage Doux, il y a un tout petit nuage, c'est le plus jeune de la famille et il doit justement s'occuper exclusivement à présent du jardin de Monsieur Pierre.
Mais voilà qu'il ne sait pas vraiment comment faire. Depuis qu'il a grandi, on lui demande de laisser tomber la pluie contenue dans son nuage juste au-dessus du jardin de Monsieur Pierre, alors qu'avant il pouvait la déverser un peu partout et quand il voulait, sans que cela ne dérange qui que ce soit. Ses parents lui ont dit que maintenant qu'il avait grandi, il était suffisamment responsable pour s'occuper du jardin de Monsieur Pierre.

Mais ce nouveau travail l'effraie beaucoup et il ne sait pas comment faire.
Pendant ce temps-là, il ne pleut presque plus sur les beaux rosiers et l'herbe verte va bientôt laisser place à de la paille.
Monsieur Pierre s'attriste en bas sur terre et, dans le ciel, la famille Nuage Doux ne sait plus comment faire. Ils ont attendu et attendu, pensant que Petit Nuage avait besoin de temps pour grandir et ne plus douter de lui.
Ils l'ont, bien sûr, encouragé en lui disant : « Ne t'inquiète pas, tu vas y arriver, tous les nuages de la terre finissent par réussir », mais les semaines passent et rien n'y fait.
Alors ils commencent tous à perdre patience, les parents de Petit Nuage, mais aussi Monsieur Pierre, et Petit Nuage doute encore plus de lui, déçu de mettre ceux qu'il aime en colère.
Il décide alors d'aller rencontrer Monsieur Soleil, le grand sage, pour lui expliquer la situation. Monsieur Soleil lui dit :
– Que t'arrive-t-il, Petit Nuage ? Ton nom résonne partout en ce moment dans le ciel.
– Eh bien, Monsieur Soleil, je n'arrive pas à arroser le jardin de Monsieur Pierre comme il le faudrait, après m'être gorgé d'eau au-dessus de la mer, je n'arrive pas à retenir toute cette quantité et, à chaque fois, je laisse couler toute la pluie sur mon trajet si

bien qu'il n'y a plus une goutte pour le jardin de Monsieur Pierre. Je suis si triste et nul... répond Petit Nuage.

– Non, Petit Nuage, répond Monsieur Soleil, tu es un nuage extraordinaire de courage car tu es venu me dire tes malheurs, je suis à tes côtés et je veille sur toi. Ma chaleur permet de faire pousser toutes sortes de choses sur terre, une fois que le sol a été suffisamment mouillé, mais parfois moi aussi je me cache, je doute et je n'arrive pas à rester suffisamment haut dans le ciel pour réchauffer tout le monde. Quand cela arrive, je vais chercher au plus profond de moi la force qui me permettra d'accéder à tout ce que je souhaite. Je respire doucement, je me dis à moi-même que je suis capable et que je fais toujours de mon mieux. Le lendemain, chaque fois je suis rechargé de courage, je brille encore plus fort tout simplement parce que j'ai réussi à croire en moi.

« Croire en moi ? Respirer quand je doute ? », se répète Petit nuage tout en remerciant chaleureusement Monsieur Soleil.

Puis il s'isole quelques minutes pour respirer et réciter ces mots : je crois en moi et je suis capable, tout en continuant de respirer doucement.

Le lendemain, Petit Nuage, gorgé de courage et de pluie, parvient à laisser couler toute l'eau contenue dans son nuage exactement sur le jardin de Monsieur Pierre.

Depuis ce jour, Petit Nuage est célèbre pour l'énergie qu'il met à aider Monsieur Pierre à garder un si beau jardin fleuri toute l'année.
Toi qui écoutes cette histoire, n'oublie jamais qu'à l'intérieur de chacun de nous, il y a une force incroyable ; pour l'activer, il te suffit de croire en toi et de te dire doucement, tout en respirant, qu'après les nuages et la pluie il y a toujours le soleil qui vient nous réchauffer et que chaque expérience nous apprend à mieux briller.

Je te souhaite, à toi aussi, de faire plein de belles découvertes comme Petit Nuage, ainsi tu seras, j'en suis sûre, fier de toi.
Souffle fort et étire-toi à présent, ouvre les yeux et laisse-toi enlacer par tes parents.

BONUS

Petit conte sophrologique

Fabio et le secret des étoiles

Ce conte sophrologique s'adresse aux enfants qui connaissent des difficultés et des peurs lors de l'endormissement. C'est une étape importante du développement de l'enfant, mais également une source de stress pour bon nombre de parents. Afin d'accompagner au mieux votre enfant dans la lecture de ce conte, je vous suggère de créer un environnement propice en choisissant un moment où il est disponible et réceptif. Vous pouvez également réaliser en amont quelques respirations abdominales ensemble, mais laissez-le bouger s'il en ressent le besoin et, de votre côté, restez juste pleinement présent à lui durant l'écoute. Je vous souhaite de doux moments de partage et de calme en tête à tête avec votre enfant.

Quand la nuit tombe, depuis la nuit des temps, tous les enfants du monde rejoignent leur chambre pour s'endormir paisiblement. Certains comptent les moutons et d'autres rêvent qu'une fée, d'un coup de baguette magique, les endort rapidement. Ils ont tous leurs petits secrets pour trouver le sommeil.

Tous, sauf un…

Fabio a récemment dû changer de lit, ses parents lui ont offert un lit plus grand. Il est tout aussi beau que le précédent, mais Fabio n'arrive plus à s'endormir depuis ce changement.

Il bouge dans tous les sens, essayant désespérément de s'endormir sans jamais réussir.

As-tu une idée, toi ? Pourquoi Fabio ne trouve-t-il plus le sommeil ? Nous allons le découvrir ensemble, mais pour ça, tu vas commencer par prendre une profonde respiration afin de relâcher ton corps, et si tu le peux, ferme les yeux pour écouter attentivement l'histoire de Fabio le lapin qui n'arrivait plus à faire dodo.

Comme tous les soirs après s'être brossé les dents et avoir fait un câlin à ses parents, Fabio rejoint son lit pour se coucher. Mais dès que la lumière s'éteint, ses yeux s'ouvrent en grand et n'arrivent plus du tout à se refermer... Le sommeil ne vient pas. Fabio aimerait pourtant se reposer lui aussi, comme sa sœur qu'il entend ronfler à travers les murs de sa chambre chaque soir.

Papa et maman lapin ont bien essayé de l'aider, mais rien n'y fait. Dès que la lumière s'éteint, rien ne va plus.

Pourtant un soir, comme tous les autres soirs où Fabio regarde en direction de sa fenêtre, tout en essayant de compter les moutons et en ne voyant encore que des étoiles... il remarque que l'une des étoiles s'approche très vite à sa fenêtre pour briller juste sous ses yeux.

Il sent alors la lumière éclairer tout son visage, cette lumière étincelante l'apaise...

Essaie, toi aussi, de ressentir la lumière sur ton visage...

Puis cela apaise son ventre, ses bras, son dos et ses jambes.
Et l'étoile se met à parler :
– Bonjour, Fabio, cela fait plusieurs nuits que je te vois éveillé, alors j'ai décidé de venir te trouver pour comprendre. Je vois la fatigue et la tristesse sur ton visage, chaque matin, d'avoir peiné à trouver le sommeil. Et je sais également que tu es un lapin adorable et aimé de tous. Alors j'ai décidé, ce soir, de te dire un secret pour que tu puisses enfin retrouver le sommeil.
Fabio a toujours les yeux grands ouverts, mais ce coup-ci, il tend aussi ses oreilles pour entendre ce que cette gentille étoile étincelante a à lui dire.
Elle lui explique alors ceci :
– Sais-tu que nous, les étoiles, nous avons un rôle très important, et c'est pour cela que nous brillons toute la nuit dans le ciel ? Monsieur Soleil t'éclaire de sa douce chaleur toute la journée pour te donner de l'énergie dans ton corps et dans ta tête afin de profiter de tes amis, de ta famille et de tous les apprentissages que tu découvres chaque jour. Monsieur Soleil nous aide aussi à nous recharger, nous les étoiles. Afin que lorsque les enfants de la terre se couchent en même temps que le Soleil, nous puissions veiller sur eux toute la nuit. Nous remercions Monsieur Soleil de nous offrir cette énergie, car sans elle nous ne pourrions pas vivre de

si beaux moments à veiller sur chacun de vous lorsque vous dormez.
Voici notre secret, Fabio, nous sommes les gardiennes du sommeil des enfants du monde et toi, maintenant, tu es le gardien de notre secret.
À ces mots, Fabio sourit, apaisé et confiant, il se blottit contre son doudou, se love dans sa couette et ferme les yeux jusqu'au lendemain matin où il se réveille plein d'énergie pour profiter de ses amis.

Tout comme Fabio avait besoin d'être rassuré, peut-être qu'à toi aussi, cela te fera du bien de savoir qu'il y a toujours quelqu'un qui veille sur toi à tout instant, même quand la lumière s'éteint et même quand tes parents s'endorment.

Maintenant que tu connais, toi aussi, le secret des étoiles, souffle profondément par la bouche, bouge tes pieds, tes mains, et ouvre tes yeux pour faire un câlin à tes parents.

Conclusion

Si j'avais un mot pour chaque parent qui découvrira mon livre, c'est le suivant : vous êtes de bons parents, votre humilité, votre force et votre amour pour ces petits êtres en devenir sont votre courage. Sachez que chaque parent s'est déjà senti démuni devant la peur terrorisante d'un de ses enfants, devant les pleurs incessants de son trésor et devant la furieuse colère de son petit chat. Nous avons en retour, bien évidemment, tous connu ce sentiment de culpabilité, d'impuissance, d'incompréhension, et nous avons tous ressenti au moins une fois l'envie de baisser les bras. Nous rêvons tous d'un bonheur sans nuage pour notre enfant et nous découvrons très rapidement qu'une tempête émotionnelle l'anime, qu'un tourbillon déroutant le frappe parfois sans crier gare et que tout ça semble, pour nous adultes, incompréhensible.

Et pourtant, ne sommes-nous pas nous-mêmes traversés par cette tempête ou avons-nous juste décidé de ne plus la vivre ?

Bannir ou fuir l'émotion ne nous permet pas d'apprendre à tenir compte de ce que nous ou les autres ressentons.

Pour connaître et comprendre une émotion, il faut être en mesure de capter ses sensations corporelles et ce qui se passe à l'intérieur de soi.

La sophrologie repose sur la respiration. Si respirer peut sembler faire partie intégrante de notre corps puisque nous respirons depuis notre naissance, c'est pourtant bien plus qu'un besoin physiologique évident, c'est aussi l'occasion de s'accorder à chaque inspiration un rendez-vous avec soi.

Lorsque vous pratiquez la sophrologie avec vos enfants, lorsque vous leur apprenez à mieux gérer leurs émotions, vous leur offrez la possibilité de se ressourcer, de se libérer et de ne pas ignorer ce qui se passe en eux et autour d'eux. Je suis convaincue que ces quelques minutes de pratique peuvent changer le cours d'une journée et permettre à tous de vivre plus harmonieusement.

Ne laissons pas la peur écouter nos émotions, nous éloigner les uns des autres et faire taire ce qui fait partie de la vie, car vivre, c'est ressentir, et aimer, c'est écouter.

Votre enfant comprendra, au fur et à mesure de ces dialogues bienveillants, que son émotion peut devenir passagère, qu'elle ne perdurera pas car elle s'est exprimée pleinement en étant accueillie, entendue et retranscrite.

Harmoniser les émotions de nos enfants, c'est redonner pleinement de la vie dans nos échanges avec eux.

Mais c'est aussi nous remettre en question et nous éveiller à nos propres émotions.

« Aimer,
c'est réussir
à donner à l'autre
confiance
en lui. »

Martin Gray

Remerciements

Merci à mes enfants de m'avoir appris à devenir mère, merci pour les moments de doute, les moments de réconfort et ceux qui m'ont permis de vous aimer de tout mon cœur.
Merci à mon conjoint d'avancer avec moi sur ce chemin avec bienveillance et amour.
Merci à mes proches, à mes amies mères ou non, pour leur soutien, j'ai tant d'affection pour chacun.
Merci à Florence, bien plus que mon éditrice, dont la confiance est un honneur.
Merci à la maison d'édition Hugo de porter chacun de mes projets.
Et enfin, merci à chaque personne qui a poussé la porte de mon cabinet ou qui a lu l'un de mes mots, vous m'encouragez à continuer sur le chemin de l'enfance, de l'humain et de la résilience.

Un instant d'expression...
La phénodescription

Après une séance de sophrologie, il est intéressant de laisser une trace de ce que l'on a vécu. Ce moment d'accueil des sensations corporelles, des perceptions, des pensées et des émotions s'appelle la phénodescription.

Par le biais d'un écrit, d'une verbalisation retranscrite sur papier par le parent ou d'un dessin de la main de l'enfant juste après l'exercice pratiqué, cette dernière étape vient révéler notre monde intérieur à notre conscience. Observer ce que l'on ressent, c'est s'offrir la possibilité de le transformer.

Cet espace de liberté est donc l'occasion de laisser un peu de soi ici et maintenant sans jugement, afin de progresser.

Notes